これだけは知っておきたい！

技術系公務員の教科書

橋本 隆

TAKASHI HASHIMOTO

学陽書房

はじめに

　この本を手にとっていただいた読者の皆さんは、土木職や建築職が多く在籍する職場で活躍する技術職の公務員ではないかと思います。本書では、そのような公務員の皆さんを「技術系公務員」と呼ぶことにしました。

　技術系公務員は、若手の頃から住民や事業者等と接し、用地取得や補償に関わる交渉を経験します。また、新技術や情報化、さらには非常時の災害にも即座に対応することが求められます。

　日々の仕事を進める中では、大きなやりがいを感じる一方で、同じくらい大きなプレッシャーを感じることもあるでしょう。

　また、技術の多様化、ベテラン技術職の大量退職、度重なる人事異動等により、今後の職場環境や人財育成に不安を感じることもあるのではないでしょうか。

　「高度な技術力が必要な業務だから、プロポーザル方式で発注しよう」
　「技術職の部長が3人も退職するけど、来年の人事はどうなるのかな」
　「2年で異動することになったけど、まだこの課に残りたかった」

　私がこれまでに経験してきた職場でも、よくこんな声を耳にしていました。

　そこで本書は、技術系公務員の仕事について、どのような経験を積むことを意識し、どのような姿勢で臨んでいくべきなのかをお伝えします。

　その姿勢の根幹となるのは、技術系公務員として組織に貢献し、また着実にスキルアップしていくための心構え、仕事術や思考法です。

　また、人財や予算が減少していく状況での技術継承や人財育成の問題、もっと大きな視野に立てば、市民活動や副業を含めたプライベートでの社会貢献といった、人としてのあり方に興味がある人もいるでしょう。

こうした社会的背景を踏まえると、技術系公務員の育成術、メンタル術やキャリアデザインについても、深く考えていく必要があると感じています。

　実際に、全国の技術系公務員の皆さんと交流する中では、さまざまな職場での実務に根ざした実践やそこから得られた情報が求められています。手探りであってもすでに始まっている実践、具体的な活用に結びつくツールや実務ノウハウ、これらの内容についても紹介する機会にできればと思います。

　皆さんが技術系公務員として、数十年間の公務を終えて定年を迎えたとき、皆さんが住んでいる地域や皆さん自身はどうなっているのでしょうか。都市には「都市計画マスタープラン」があるように、皆さんも「自分自身のマスタープラン」を描きながら、技術系公務員としての明るい未来を一緒に切り拓いてみませんか。本書は、そのお手伝いができればという思いで執筆しました。

　今後も、技術系公務員を取り巻く状況は大きく変化していくでしょう。こうした新しい変化にも対応できる技術系公務員になるためにどのような視点を身に付けておくべきか、本書にはそのヒントをたくさん盛り込みました。こうしたヒントは、土木職や建築職ではない技術職にも通ずる仕事の要諦として、広くお役立ていただけたら幸いです。そして本書が、技術系公務員の皆さんにとって「座右の書」になれば、これに勝る喜びはありません。

令和5年3月

橋本　隆

CONTENTS

PART
②

あらゆる業務に活かす！
技術系公務員の仕事術

PART

3

成果と信頼を獲得する！
技術系公務員の思考法

PART

4

ノウハウを引き継ぐ！
技術系公務員の育成術

PART

⑤

「折れない心」をつくる!
技術系公務員のメンタル術

PART
6

「VUCA時代」を生き抜く！
技術系公務員のキャリアデザイン

PART

①

新人からベテランまで!

技術系公務員の心構え

01 技術系公務員としての「使命」を果たす

原点を問い続けることで、進むべき道が見えてくる

● 日常生活を支える技術系公務員の仕事

　私たちは、朝起きてから夜寝るまで、土木構造物や建築物と無縁な日はありません。技術系公務員の成果は、生活と密接に関係しています。

　天気の良い休日、公園や広場は多くの人たちでにぎわいます。平日、車で通勤すれば道路を利用し、電車で通勤すれば鉄道を利用するでしょう。中心市街地に行けば、区画が整理された美しい街並みを歩くことができますし、商業地域での買物を楽しむこともできます。

　これらは、**技術系公務員が都市の点・線・面を計画し、整備してきた成果の一部であり、その成果を多くの人が日常生活で利用しています。**少しだけ見方を変えれば、**私たち技術系公務員は、あらゆる人々の日常生活を支えているのです。**

● 技術系公務員としての「使命」

　このように、**技術系公務員としての「使命」は、さまざまな社会ニーズに対して、最適な社会資本整備によって期待に応えることです。**

　皆さんが日々、道路、建築物、都市計画等の多様な分野を経験しながら社会資本を整備することにより、子どもからお年寄りまで、あらゆる世代の人々の豊かな生活や暮らしが成り立っています。実務を行う中では、直接、喜びの声を聞くこともあるでしょう。

● 「使命」に向かって、チームで実現を目指す

　技術系公務員の仕事は、地域の魅力を創造することができる、やりがいに満ちたものばかりです。また、職場では、各職員が技術系公務員としての「使命」を果たすために、それぞれの能力を最大限に発揮してチームで取り組むという大きな充実感があります。工事監理や用地買収という技術的な業務から、条例制定や予算措置といった事務的な業務まで、お互いに学び合いながら、ともに「使命」を果たすことが重要なのです。

■ 技術系公務員が支える日常の生活

ONEPOINT ADVICE！

技術系公務員としての「使命」は、悩んだとき、迷ったときに立ち返る原点でもあります。原点に戻り、向き合うことで、進むべき道がきっと見えてくるはずです。

02 あいさつ・朝礼・体操を おろそかにしない

チームの一員として、明るい職場づくりに参加しよう

◯ 緊張と不安を感じていませんか

　技術系公務員の職場に着任して、まず感じるのは緊張と不安でしょう。初対面の人たち、ベテランの先輩、聞き慣れない専門用語などに面食らってしまうこともあるでしょう。「私は、この職場でやっていくことができるだろうか？」そんな想いを抱いてしまうかもしれません。

　不慣れな職場に配置されて、緊張や不安を感じるのは当然です。私も新規採用職員として配属されたときには、緊張と不安を感じる毎日を過ごしていました。課長になった今でも、変わりません。では、どのように自分をコントロールしていけばよいのでしょうか。

◯ 自らの行動で緊張や不安を和らげる

　緊張や不安を和らげる最良の方法は、自らがあいさつをすることです。簡単なようでいて、継続できる人は意外と多くありません。

　「おはようございます」「ありがとうございます」「おつかれさまでした」。これらの元気なあいさつが、職場に明るい雰囲気をつくります。1つの職場に勤務して慣れてくると、あいさつをおろそかにしがちですが、あいさつをされて、嬉しくない人はいません。あいさつをすれば、職場の同僚は、あなたに話しかけやすくなります。そんな「あいさつ」という小さな心がけが、明るい職場づくりにつながっていくのです。

● 体操しながら自然な会話も

職場でラジオ体操の曲を流している場合には、必ず参加しましょう。準備運動になるだけでなく、朝礼前の自然な会話も弾むからです。

どこか元気がなかったり、顔色が悪かったりする職員がいた場合には「大丈夫ですか？」と声をかけることもできます。ラジオ体操で体を動かすだけでなく、チームの一員として、明るい職場づくりに貢献するつもりで行動しましょう。

■ 小さな声かけ・気遣いが明るい職場をつくる

〈こんな声かけをしよう〉
①おはようございます
②昨日はおつかれさまでした
③先日はありがとうございました
④今日も暑くなりそうだね
⑤今朝、面白い話を聞きました

〈こんな様子がないか確認しよう〉
❶体操せず、元気がない
❷顔色が悪く、あいさつがない
❸心配して悩んでいる表情
❹足や手をケガしている
❺緊張して汗が止まらない

ONEPOINT ADVICE！

自ら他の部署に出かけて行って、一緒にラジオ体操をすることも効果的です。ラジオ体操の大きな魅力の1つとして、他部署の人に話しかけやすいことも挙げられます。

03 「安全第一」の 身だしなみで身を守る

労働災害防止の率先垂範は、発注者としての責務

● 監督職員は身だしなみから

　監督職員としての技術系公務員は、発注者として受注者にお手本を示さなければ、その役割は務まりません。

　あらゆる危険が潜んでいる工事現場に入る際は、ヘルメットのあごひもをきちんとしているか、長袖の作業着を着用しているか、靴は指先に鉄板の入った安全靴を履いているか、常に気を配り、身を守る必要があります。

　そして、**工事現場周辺の市民や事業者からも信頼される、監督職員にふさわしい身だしなみを整えてから現場に向かいましょう。**

● 気の緩みが安全管理にも影響する

　忙しくなると、つい中途半端な身だしなみをしてしまうかもしれません。しかし、監督職員の気の緩みは、受注者である施工業者にも必ず伝播します。

　また、監督職員が現場でケガをしてしまったら、受注者の現場代理人も安全管理上の責任が問われ、現場にも迷惑をかけることになりかねません。頭髪や衣服の関係で、すぐに身だしなみを整えにくい場合もあるかもしれませんが、しっかりと事前に準備しておきましょう。

● 体調管理も忘れずに

　安全第一には、身だしなみを整えるだけでなく体調管理も重要です。例えば、前日に深酒をして現場まで運転して行けば、飲酒運転で現行犯逮捕されるかもしれません。夜ふかしをして寝不足であれば、居眠り運転で事故を起こしたり、熱中症になって倒れたりするかもしれません。

　そのようなことがないように、**監督職員としての日頃の体調管理もしっかりと行っておきましょう。**

■ 現場に行く前にチェックしよう

必要に応じて
保護メガネ

必要に応じて
耳栓

必要に応じて
防塵マスク

あごひもは
しっかり結ぶ

軍手や革手
（手を守る）

破損のないヘルメット
（必要に応じて
ヘッドライト）

長袖作業着
（腕を守る）

海上工事では救命具
（ライフジャケットなど）

高所(2m以上)では
墜落制止用器具
（安全帯）

安全靴
（足や指を守る）

労働安全衛生規則の
「第2編 安全基準」を
読んでみましょう。

ONEPOINT ADVICE！

労働災害防止については、労働安全衛生法及び関係政省令に定められています。建設工事請負契約約款や職員被服貸与規則等とともに理解を深めておくようにしましょう。

04 報連相の前に、「語りかけ」の内容を整理する

闇雲に話すのではなく、整理してから話せばうまくいく

● 上司や先輩は忙しい

　公務員は、役職が上がるにつれて、さまざまな意思決定の場に参加することになり、時間に余裕がなくなります。そのため、報告・連絡・相談を行う際は、上司や先輩は忙しいということを常に意識しましょう。

　その上で、ぜひ気をつけたいのは、簡潔明瞭に伝えること。伝えるべき内容については、何をどう話すのか、あらかじめ整理してから語りかけましょう。

● 自分なりの「結論」を持って簡潔に伝える

　まず、案件の内容と、報告・連絡・相談のうち、どれなのかを伝えます。その上で特に相談では、「結論」と「根拠」を端的に伝えましょう。余計なことを長々と話すのはNG。テンポよく要点をつなぎながら説明するイメージです。上司や先輩は、「結論」と「根拠」を聞いてから、自分の経験や知識に照らして考え、さらに質問したり、再確認を指示したりすることもあるでしょう。しかし、この「結論」と「根拠」の説明のどちらか一方でも欠けてしまうと、誰もが判断に困ってしまいます。

　一番良くないのが「結論」がない相談です。いろいろな情報を伝えたものの、担当者としての結論を提示しない相談です。少なくとも、担当者としての「結論」を持って相談することを心がけましょう。

◉ 「根拠」を示して納得してもらおう

　また、「根拠」がない場合も問題です。「結論」のみで「根拠」がない場合、上司の不安は募るばかり。その「結論」は、どう導き出したのか、どんな資料に基づいて判断したことなのか、「結論」と「根拠」を示す必要があるのです。上司は、部下よりも経験が豊富だとしても、個別具体の内容については部下のほうが熟知しています。上司に相談する前に、どんな「結論」と「根拠」で納得してもらうか考えてから伝えましょう。

■ ぜひ心がけたい報連相のコツ

語りかけ	「係長、① の件で、ご② です。」	
内　容	①	②
選択肢	何らかの案件等	報告、連絡、相談のいずれか
目　的	案件等を想像して、聞く準備をしてもらう	報連相のうちの何を伝えているのか理解してもらう
具体例	住民説明会 現場見学会 設計変更	報告 連絡 相談⇒「結論」「根拠」を

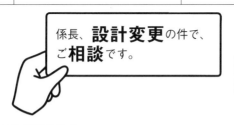

係長、**設計変更**の件で、ご**相談**です。

こんな感じで語りかけよう！

ONEPOINT ADVICE！

　報連相を行う中で相手から出てきた質問や意見、合意事項等は、追ってしっかりと記録しておきましょう。そのメモが、次の機会に必ず役立ちます。

05 観光マップで「町名」を押さえ、「土地勘」をつかむ

まちを知らずして、まちづくりはできない

◉ 町名と土地勘は仕事をする上での大前提

　技術系公務員の仕事を行う上で、地域の町名を覚えたり、土地勘をつかんだりすることはとても重要です。職場に着任すると、**すぐに電話や窓口で具体的な地域の法規制等に関する問い合わせを受けるからです。**

　また災害時には、さまざまな要望や苦情を受ける中で道路や河川等の災害対応にあたることになります。即座に場所を把握できないと速やかな対応はできません。そこで、実際に役立つお勧めのノウハウをお伝えします。

◉ 観光マップに情報を書き込む

　まず、たくさんの情報を書き込める大きな地図を用意しましょう。観光名所や公共施設の名称等が記載されている「観光マップ」がベスト。公共施設の名称等が記載されていない場合、すべて自分で書き込まなければならないため、都市計画図等よりも観光マップがお勧めです。

　そして、過去に冠水被害のあった場所など、必要な情報を書き込みます。自分で情報を書き込めば、問い合わせを受けた際に場所を見つけたり、目印を伝えたりする際の強力な武器になります。これを見れば近くの目印がわかりますし、苦情の原因が工事である可能性も予測できます。また、災害時に係員を集めて情報共有する際にも役立ちます。

● 自分なりのルールを決める

　観光マップ等の地図に情報を書き込むにあたっては、**あらかじめルールを決めましょう。**黒1色で書き込んでしまうと、何の情報が書き込んであるのかが一目ではわからなくなってしまうからです。

　私は、道路工事現場は赤色、冠水・湧水注意箇所は紺色、用水路は水色、土地区画整理事業区域は緑色等、書き込む情報に応じて色を使い分けています。皆さんも、自分なりのルールで書き込んでみてください。

◼ 観光マップを補強しよう

　観光マップを折りたたんだら、写真のように広げ、その裏面の折り込み部分を製本テープでしっかりと補強しましょう。技術系公務員の職場では、折りたたんだ地図を常に開閉するため、折り込み部分がすぐに破けて、裂けてしまうからです。

ONEPOINT ADVICE！

観光マップの書き込みは、人事異動後も継続しましょう。部署が変わってからも書き込みを続けることで、いつの間にか、絶対に手放せない宝物になります。

06 災害対応の「第一線」を担う覚悟を持つ

非常時を見据えた平常時からの心構え

● 災害はいつ起こるかわからない

　地震、津波、噴火による災害のほか、夏から秋にかけては大型の台風による災害が発生することがあります。昨今では、新型コロナウイルス感染拡大により、避難所での感染対策も災害対応を難しくしていました。

　これらの災害は、同時に複数が発生することもあるため、常に災害対応を意識して業務を進めましょう。また、**災害対応は、発生してから慌てることのないように準備しておくことが重要です**。まずは、自治体で作成している地域防災計画、総合防災マップ、水防計画、業務継続計画等に目を通して、関係する部分に付箋やマーカーをしておきましょう。

● 災害発生後を想定した準備を

　災害発生後には、ゆっくりと地域防災計画等の資料を読みこんでいる時間的な余裕はありません。すぐに自分の所管事務に関係する資料を見つけて、初動対応しやすくなるように準備しておくことも重要です。

　そして、**最新情報をリアルタイムで得られるようにアンテナを張っておきましょう。台風進路等は、精度良く数時間後の状況を予測できます。**ウェブサイトをこまめにチェックするほか、スマホに防災アプリ等をインストールし、雨雲レーダーによる気象予報、注意報や警報の発令等を速やかに情報収集できるように設定しておきましょう。

● 平常時にも危険を予測して確認しよう

　技術系公務員は、災害時にも住民の安全を守ることが重要です。いつ何時、発生するかわからない災害に備えて、私たちがいつでも適切な対応ができるようにするにはどうしたらよいでしょうか。

　それは、平常時から危険を予測することです。外出した際には、管理している道路や河川等の危険箇所を確認するとともに、最新の気象情報や災害情報の把握に努めましょう。

■　災害に役立つ情報のウェブサイト、アプリの一例

街の防災情報 🔍

種類	検索しよう	確認したい災害情報等
ウェブサイト	街の防災情報	気象庁ウェブサイト（あなたの街の防災情報） 防災、天気、気象観測、海洋、地震・津波、火山など、圧倒的な情報量で防災情報を提供しています。災害発生の危険度の高まりを地図上で確認できる「キキクル」も確認することができます。
	川の防災	国土交通省ウェブサイト（川の防災情報） 台風災害が予測された場合に必見のウェブサイト。川の水位の状況に基づく洪水予報等をリアルタイムで確認することができます。
アプリ	ＮＨＫニュース防災	天気予報、雨雲データマップ、全国の災害情報を確認できます。
	tenki.jp	雨雲レーダー、天気予報や防災情報を確認できます。
	weathernews	雨雲、落雷、台風、河川、熱中症などの危険情報を確認できます。
	yahoo! 防災速報	防災情報通知機能など、早めの行動をとるための機能があります。

ONEPOINT ADVICE！

定型的な業務とは異なり、災害等の不測の事態に対応した経験は、その人でなければ教訓を残すことができません。災害対応等を経験した場合には、ぜひその教訓を残すようにしましょう。

07 多くの現場に同行し、「技術・信頼」を養う

成長の糧を一石二鳥でつかむ、ちょっとした秘訣

◉ 「同行していいですか？」が重要

　技術系公務員は、自分が担当している現場で立会や検査を行います。そして、経験を積むにつれて、より難易度の高い現場を任せられるようになります。困難案件を担うまでに、日々の業務の中で少しでも多くの技術を学ぶためには、どんな心構えが重要になるのでしょうか。

　ぜひ心がけたいのは、他の人が担当している現場にも興味を持つこと。できるだけ「一緒に同行していいですか？」と頼んで、さまざまな現場に足を運びながら、技術を学ぶのです。

◉ 小さな手伝いが大きな信頼につながる

　他の人が担当している現場に同行するメリットは3つあります。

　1つ目は、他の現場を見ることで、自分が担当する現場では経験できない技術を学べる点です。わからないことは、その場で質問しましょう。

　2つ目は、自分の技術を教えることができる点です。あなたの経験を同僚にシェアするのです。「え、そんなこと？」と思うようなことでも、相手にとっては必要な助言であることも少なくありません。

　3つ目は、信頼を得られる点です。例えば、測量をちょっと手伝うだけでも、相手にとってはありがたいもの。労力以上の信頼と感謝を得られるでしょう。

◉ 困ったときは助け合うことが大切

　皆さんは、現場でわからないことや困ったことがあったとき、どうするでしょうか。身近な先輩や同僚に聞くことになると思いますが、その際にはきっと丁寧に教えてもらえることでしょう。なぜなら、先輩や同僚も同じ道を歩んできているからです。

　皆さんが後輩に教える立場になる日も、あっという間に訪れます。それまでに少しでも多くの技術を身につけることを心がけましょう。

◼ 小さな手伝いの一例（測量）

　自分にとっては些細なことが、相手からの信頼につながることもあります。

ONEPOINT ADVICE！

職場で大きな信頼を得ると、逆に「一緒に同行してほしい」とお願いされることもあります。その際には、技術や信頼を職場に還元していきましょう。

08 要望には「現場力」で応える

現場対応に詳しい技術系公務員こそ要望の真意に応えられる

⊙ 要望の具体的な内容まで把握する

　「交差点が危険なので対策してほしい」という要望書が提出された場合、「安全な交差点にする」ことが対策の目的になります。そして、この目的は何らかの手段によって達成されますが、「安全な交差点にする」ための手段は1つではありません。

　例えば、次頁の写真のような、安全に滞留できる歩行者溜まりの設置、またはカーブミラーの設置や大規模な交差点改良等も考えられます。このため、**要望への対応では、できるだけ要望されている具体的な手段も把握した上で、技術系公務員の「現場力」で応えることが重要になります。**

⊙ 現地を確認して関係機関と調整する

　要望されている具体的な手段がわからない場合は、現地を確認し、要望する具体的な手段も聞き取ってから対策案を検討できればベストです。

　その検討に際しての注意点は、国道、都道府県道、市町村道など道路管理者によって具体的な手続が異なることです。まずは、その交差点の道路を管理する道路管理者を調べましょう。

　さらに、拡幅を伴う場合には、道路用地の地権者や登記記録を調べることが必須です。また、信号等の移設が必要なら公安委員会、電柱の移設が必要なら電力会社等にも相談することになります。

● 対応は要望した人の立場に配慮する

　対策案の検討に際しては道路管理者の確認がとても重要になりますが、住民の視点から見れば、道路は道路でしかありません。住民は、道路管理者の違いを気にしながら道路を利用しているわけではありません。**相手の立場に配慮して、わかりやすく回答し、対応する必要があります。**

　また、通学路の工事では児童の通行の妨げになるため、夏休み期間中に工事を完了させるなど、発注時期にも配慮するとよいでしょう。

■ 交差点（歩行者溜まり）の工事事例

（工事前）　　　　　　　　　　　　　　（工事後）

【重要な着眼点】
①要望の真意は何か
②道路管理者は国・都道府県・市町村のいずれか
③拡幅が可能か（拡幅用地の地権者等）
④移設が必要か（信号や電柱等）
⑤施工時期を配慮すべき箇所であるか（通学路等）

ONEPOINT ADVICE！

要望への対応にミスマッチを生じさせないこと。これを意識しながら、現場をよく知る技術系公務員の「現場力」で最適な対応を図りましょう。

09 設計資料は「60%」の完成度で早めに相談する

的確なタイミングで先輩や上司に相談し、手戻りを防ぐ

● 早めに60%完成を目指す

　技術系公務員の業務の多くは、工事や委託などの設計書を作成し、専門業者に発注することになります。設計書の作成にあたり、悩みや心配事が生じることもあるでしょう。先輩や上司に相談する必要がある場合、どの程度の完成度で相談すべきか考えてしまうこともあるでしょう。

　相談し、修正等の指示を仰ぐ時間も考慮して、まずは60%の完成度を目指して早めに着手しましょう。「まだ発注まで時間があるから後でじっくり考えよう」などと思わず、**途中で作業が中断すること、手戻りが生じることも見据えて、早め早めに行動する**と気持ちが楽になります。

● 相談のタイミングを見極める

　作成している設計書について、内容の確認を含めて上司や先輩に相談したいと思う場合があります。その場合、どのようなタイミングで相談すればよいか考えてみましょう。次頁のグラフは、「実務の習熟度」と「相談時の完成度」の目安を示したものです。

　実務の習熟度が平均的（50%）なスキルを持った職員は、60%程度の完成度での相談を心がけましょう。ある程度の完成度まで高め、少なくとも担当者としての想いが伝わる、自分なりの合格点を超える設計書を仕上げてから相談しましょう。

● 実務の習熟度に応じて相談のタイミングを変える

　実務の習熟度が浅い場合には、y（完成度）＝x（習熟度）＋10を目安として、その完成度までに相談するとよいでしょう。つまり、**習熟度がゼロであれば完成度が10％の段階でも相談しましょう**。なぜなら、完成度を高めてからの相談では、締切直前に「最初からやり直し！」といわれてしまうような致命的な手戻りになることもあるからです。

　自分の実務の習熟度を見極めながら、適切な完成度で相談しましょう。

■ 「実務の習熟度」と「相談時の完成度」の y=x+10

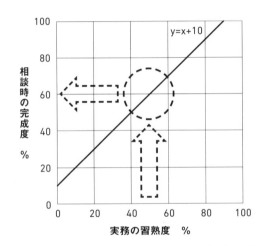

　実務の習熟度が浅いときには、遠慮せず早めに先輩や上司へ相談し、組織としての円滑な業務に結びつけましょう。

ONEPOINT ADVICE！

　設計書の作成では、複数の職員でチェックしましょう。起案する2週間前までには必ず設計書の案を作成し、少なくとも先輩や同僚1人にチェックを受けるシステムを運用することも有効です。

10 「大変な仕事」で結果を出す

大変な仕事ほど、引き受けたときの対価は大きい

● 「大変な仕事」3種類

　技術系公務員の仕事の多くは、一律ではないオーダーメイド的なものが多く、個々にまったく異なる対応が求められることがあります。それらの仕事の大変さや苦労は、一概に予算規模の大きさや事業期間の長さだけでは決まりません。

　では、何が一番大変な仕事でしょうか？　**技術系公務員の大変な仕事として真っ先に思い浮かぶのは、具体的には、「開始時」「難航時」「完了時」の3つの仕事です。**

● 「大変な仕事」の具体例

　まず**「開始時」**には、先進事例調査から条例制定まで、また条例施行に伴う窓口開設等、開始するための膨大な事務量があります。景観行政団体になり、初めて開始する屋外広告物の事務がその一例です。

　その後、多くの仕事は、ほぼ確実に、逆境に置かれている**「難航時」**を迎えます。担当者の誰もが悩み、大きなストレスを感じることにもなります。用地買収の反対がその一例です。

　最後に、**「完了時」**です。完了時の仕事は、長期事業になればなるほど経緯が複雑で、長年、解決が困難であった案件を処理する事務が多くなります。土地区画整理事業がその典型例です。

● 信頼のためのステップアップと考える

これらの「大変な仕事」の担当を命じられたら、「私にできるだろうか？」と心配になるかもしれません。しかし、ぜひステップアップになると考えて、快く引き受けましょう。仕事である以上、誰かが担当し、その目標を達成しなければならないのです。

「大変な仕事」3種類をすべて経験できれば、かけがえのない糧になり、やがて組織や地域からの信頼にもつながるでしょう。

■ 開始時、難航時、完了時の仕事は、大変なことが多い

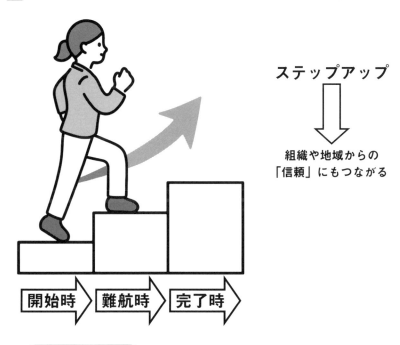

ステップアップ

組織や地域からの
「信頼」にもつながる

開始時 ▷ 難航時 ▷ 完了時

ONEPOINT ADVICE！

「大変な仕事」3種類は、誰もが必ず経験できるわけではありません。ステップアップするチャンスと捉えて、積極的に取り組み「信頼」を獲得しましょう。

11 「クリーンハンズの原則」で公務に臨む

不当要求に毅然と対応するため、心に留めておきたい基本原則

● 不当な要求をされたらどうするか

　用地交渉や補償交渉の場面では、不当な要求などのハードクレームを受けることがあります。経験の浅い業務を行う中で判断に迷ってしまうとき、どのように対応すべきでしょうか。

　「不正には絶対に屈しない」という信念を支えてくれるのが「クリーンハンズの原則」です。クリーンハンズとは、きれいな手。つまり、**自分の手がきれいな者（法を守る者）だけが法の救済を受けることができ、不法に関与した者は法の救済を受けることができないという原則**です。

　民法708条の「不法原因給付」もこの原則に該当し、不法と知った上での公金支出等は公務員個人の責任が問われます。

● いざというときのことを考えて行動しよう

　「いざというときのために公務員賠償責任保険に入っているから、何か起きても問題ないだろう」と安心しないでください。

　私は、職場で公務員賠償責任保険について質問された際、必ず次の助言をしています。

　「公務員賠償責任保険で保険金の支払いを受けることができない免責事項を読んだことがありますか？　不法と知りながら不法行為を行った職員には、保険金が支払われないのですよ」と。

● 公務員賠償責任保険は免責事項も理解しておく

　用地交渉や補償交渉を担当しない場合も、加入している公務員賠償責任保険の免責事項をよく読んでおきましょう。

　下図のような免責事項が記載されていると思いますので、しっかりと確認することを忘れずに。

　そして、「クリーンハンズの原則」を常に意識し、法令遵守を徹底して行動するようにしましょう。

■ 法律や保険の免責事項にも目を向けてみよう

民法 708 条（不法原因給付）

第 708 条　不法な原因のために給付をした者は、その給付したものの返還を請求することができない。ただし、不法な原因が受益者についてのみ存したときは、この限りでない。

公務員賠償責任保険の免責事項（例）

①被保険者の故意に起因する損害賠償請求
②法令に違反することを被保険者が認識しながら行った行為に起因する損害賠償請求
③他人に対する違法な利益の供与に起因する損害賠償請求

ONEPOINT ADVICE！

どんなに不当な要求を受けても「ダメなものはダメ」という、強い信念を持って実務に臨みましょう。皆さん1人ひとりの行動が、他の職員や職場を守ることにもなります。

12 「エビデンス」に基づいて仕事を進める

根拠がなければ、納得は得られない

● どうしたらよいか誰もわからない仕事もある

エビデンスとは、根拠です。正しいロジック（論理）のもとで、データに基づいて仕事を進めることが重要です。仕事の中でも特に難しいのは、前例の少ない仕事でのエビデンスに基づく判断でしょう。

前例のある仕事では、過去の前例に基づいて、計画、設計や施工を検討することになります。では、前例の少ない仕事ではどのように検討を進めたらよいか、参考になる一例をみてみましょう。

● 世界遺産登録による周辺環境整備の計画

自分が担当する地域が、突如世界遺産登録されることになったら、どの程度の周辺環境整備を計画すればよいでしょうか。しかも、これまで大量の訪問者を受け入れたことがないのどかな郊外だとしたら……。

私は、平成26年に世界遺産登録された「富岡製糸場と絹産業遺産群」の構成資産、田島弥平旧宅を担当していた際にその経験をしました。

担当係長だった私は、まず国内の世界遺産について、訪問者数のデータを調べました。世界遺産の中には、登録前から有名な観光地として知られているものが多く、参考にできる前例が少ない状況でした。その中でも、数少ない参考になりそうな世界遺産として、次頁の左側のグラフに示す「石見銀山」と「平泉」がありました。

● 訪問者数の傾向を根拠に過剰な整備を避ける

そこでまず、「石見銀山」と「平泉」の訪問者数の推移を整理しました。その結果、訪問者数がピークになる年を基準とすると、その2年前が0.5倍、その2年後が0.6倍になっていました。**この根拠をもとに、田島弥平旧宅の周辺では必要最小限の周辺環境（駐車場等）の整備を行い、一時的に急増する訪問者への対応を図りました。**訪問者の一時的な急増が予測できていたため、過剰な周辺環境整備を避けることができたのです。

■ 世界遺産登録による訪問者数の推移

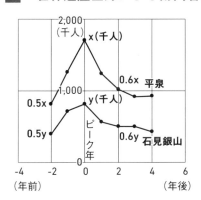 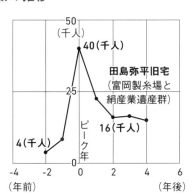

> 左側の石見銀山と平泉の訪問者数は、いずれも世界遺産登録によりピーク年を迎え、その前後の2年は同程度。この一時的な急増の傾向は、「富岡製糸場と絹産業遺産群」田島弥平旧宅でもほぼ同様になりました。

出典：文化庁資料をもとに作成

ONEPOINT ADVICE！

膨大なデータから有用なデータを見つけ出し、説得する材料にできる能力も重要です。誰もが納得しやすい、わかりやすい図表で示せるように工夫しましょう。

私は、新規採用職員として30歳を過ぎてから都市計画課へ配属されました。先輩から「わからないことがあったら、何でも聞いて大丈夫ですよ！」と励まされましたが、しばらくは「今のところ、何がわからないのかさえわかりません……」と答えていました。

「線引き」「非線引き」「53条」など、聞き慣れない言葉の数々には特に戸惑いました。「は、はい？」と頭の中で「？」が浮かんだら、その場で先輩に聞いてしまいましょう。専門用語の数が多すぎて、すぐに確認しないと、何がわからなかったのかもわからなくなってしまう可能性があるのです。

また、現地を見ることの大切さも痛感しました。都市計画の決定や変更に際しては、都市計画基礎調査等によるデータの裏付けも重要ですが、住民説明会等では地域に密着した質問も多く、データだけでは対応できません。そこで、地域に明るくなりたいと思い、「現地の現状をよく見ていますか？」と質問をされた場合を想定して行動するようになりました。当時は、よく休日を利用して、自転車でヘトヘトになるまで市内各地を見て回ったものです。

窓口では、数十年前の内容の質問を受けることにも驚きでした。都市計画事業は事業期間が長いものも多く、窓口対応で困っていたときには先輩がきてパッと回答してもらえました（生き字引とよばれていた先輩は神に見えました！）。当時は、週末などに図書館へ行って過去の議会答弁を読みましたが、近年では市ウェブサイトでも議会会議録が公開されており、スマホでも読める便利な時代になりました。「そうだったのか！」と疑問が解決する過去の経緯も理解でき、実務に役立っています。

なお、都市計画実務の基本を知る近道としては、拙書『自治体の都市計画担当になったら読む本』（学陽書房）がお勧めです。わからないことさえわからなかった頃の自分を思い出しながら、当時の自分に助言する気持ちで執筆しましたので、ご覧いただければ幸いです。

PART

2

あらゆる業務に活かす！

技術系公務員の
仕事術

01 「法令」は、まず目次で全体像を押さえる

「何がどの辺りに書いてあるか」をつかむ

● 法令や運用指針を調べる

　法令は、次頁の図に示すとおり、法律→政令→省令のように関連構成されています。そして、法令によっては、その背景や技術的な考え方を示す各種の運用指針（国による技術的助言の性質を持っています）が定められていることもあります。技術系公務員に関係する法令では、運用指針もある場合が多く、例えば景観については、景観法（法律）→景観法施行令（政令）→景観法施行規則（省令）があり、技術的助言として景観法運用指針があります。まずは、業務に関係する法令や運用指針を確認しましょう。

● 条文を読む前に目次を理解する

　例えば景観法は、第7章までに108条もあります。これらの条文を丁寧に読む前に、まずは目次だけサッと目を通し、全体を見渡して理解しておきましょう。先に目次を理解しておけば、景観地区についての規定を確認したいときは、すぐに第3章を読めばよいことがわかります。

　それぞれの法令や運用指針についても、時間をかけて1つひとつ丁寧に読み込んでいく前に、まず目次から理解しておきましょう。目次で全体を理解しておけば、最初から条文を読み始めても理解しやすいですし、急ぎの確認であれば該当箇所を見つけられるようになるからです。

● 読み方はお勧めの書籍から効率的に学ぼう

法令の読み方を学ぶ上で、お勧めの書籍は以下の3冊です。①と②は、基本やコツが学べます。③は、法規担当協議の際にも必ず役立ちます。

①吉田利宏著『元法制局キャリアが教える　法律を読む技術・学ぶ技術［改訂第4版］』（ダイヤモンド社）

②吉田利宏著『新法令用語の常識［第2版］』（日本評論社）

③石毛正純著『法制執務詳解〈新版Ⅲ〉』（ぎょうせい）

■ 法令を理解する

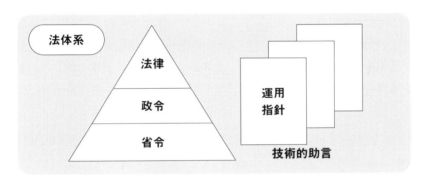

法体系

法律
政令
省令

運用
指針

技術的助言

景観法
第1章　総則
第2章　景観計画及びこれに基づく措置
第3章　景観地区等
第4章　景観協定
第5章　景観整備機構
第6章　雑則
第7章　罰則
附則

目次

ONEPOINT ADVICE！

法令を扱わない職場はありません。法令の知識は必ず役立ちますので、早めの学習がお勧めです。紹介したお勧めの書籍3冊などを活用して、学習しておきましょう。

02 所管例規で「根拠」の引き出しを持つ

自信を持って問い合わせに答えるための拠りどころを持とう

● まず所管例規を知って、一通り読んでみよう

皆さんは、自分の所属する部署が所管している例規（条例、規則、要綱等）がいくつあるか知っていますか？　もし、まだ知らないのであれば、上司や先輩に聞いて、すべての所管例規を確認しましょう。

技術系公務員の仕事の根拠は、法令のほか所管する例規に規定されている場合がほとんどです。許可基準や許可申請手数料、各種審議会に係る条例・規則等が代表的なものですので、一通り読んでおきましょう。

● 自分なりの解説を書き込んでおこう

例えば、窓口や電話の問い合わせで「なぜこのような建物用途制限を受けるのですか？」とか、「私は何を根拠にこのような手数料をとられるのでしょうか？」等の質問を受けることがあります。このような場合に、説明責任を果たすためにも、所管例規をしっかりと読み、理解しておくことが欠かせません。

最初は、理解しにくい条文もあるかもしれませんが、問い合わせの度に読み返すことで、理解度が増し、記憶も定着していきます。どうしてもわかりにくい条文には、手書きで解説を書き込むなど、問い合わせの際に答えやすいように工夫しましょう。私の所管例規集にも、手書きで書き込んだ赤字の解説がたくさん記載されています。

● すぐに対応できるように準備しておこう

「知っている」と「説明できる」は似て非なるもの。住民や事業者にわかりやすく「説明できる」レベルのより深い理解まで高めましょう。

また、電話や窓口でスムーズに説明するためには、所管例規をその場ですぐに検索し、該当条文を見つけ出せるよう工夫しておくことも大切。所管例規集の中に所管例規一覧表を作成しておくと、すぐ問い合わせに答えやすくなります。

■ 所管例規一覧表を作成して、いつでも対応できるようにしておこう

所管例規一覧表	
No.	例規名
1	特別業務地区内の建築物等の制限に関する条例
2	特定用途制限地域における建築物等の制限に関する条例
3	地区計画区域内建築物の制限に関する条例
4	地区計画区域内建築物の制限に関する条例施行規則
5	都市計画審議会条例
・ ・ ・	・ ・ ・

①所管例規を集めたら、一覧表を作成して1枚目に綴る
②所管例規には番号を振っておき、すぐに見ることができるようにインデックスを貼りつける
③所管例規の中で、長い条文や理解しにくい条文には、自分なりの解説を書き込んでおく

ONEPOINT ADVICE !

人事異動の内示を受けたら、新しい職場に着任するまでの間に、所管例規集を作成して読み始めておきましょう。着任後の仕事をイメージしたり、着任後の円滑な仕事にもつながります。

03 計画は「上位計画」から鳥の目で俯瞰しておく

計画の内容だけでなく、関連計画の内容も知っておこう

● 鳥の目を意識しよう

　技術系公務員の仕事の多くは、計画に基づいて執行されています。日常の業務で窓口や電話の対応に追われていると、さまざまな計画を読み込む時間の余裕はないかもしれません。しかし、**少しでも時間を見つけて、上位計画や分野別の計画に目を通すことが大切です。**

　国や都道府県の計画、他自治体の計画にも興味を持ち、ぜひ目を通してみてみましょう。鳥の目を意識して、自分の担当業務を大きく俯瞰してみるのです。

● タテ・ヨコ双方向を意識しながら知っておく

　例えば、都市計画マスタープランは、その他のさまざま計画とも関連しています。まず押さえるべきは、上位計画や下位計画との関わり、つまりタテの関係性です。次頁の図をすぐにイメージできるようになるには少し時間がかかるかもしれませんが、関連する計画を知っておくことは実務の土台としてとても重要です。なお、図に示している「即する」の意味は、齟齬をきたすものであってはならないという意味です（第11版　都市計画運用指針）。

　そして、もう一歩踏み込んで、他自治体の計画、いわばヨコも含めた双方向を意識しながら計画を知っておけるとベストです。

● 計画策定の担当者に抜擢されたら

　都市計画マスタープランに限らず、皆さんの職場が所管している各種の計画（立地適正化計画、景観計画、地域公共交通計画、緑の基本計画等）の上位計画や関連計画を調べてみましょう。

　もし、計画策定の担当者に抜擢されたら、長期的な視点に立った計画を策定できるよう、広い視野を身につけておきましょう。

■ 都市計画マスタープランの関連計画

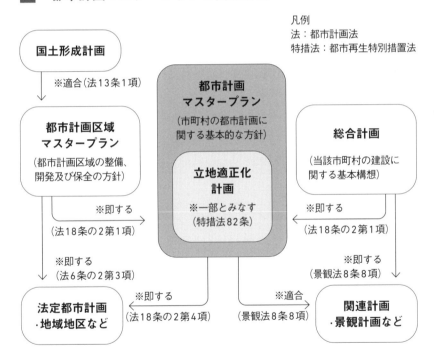

凡例
法：都市計画法
特措法：都市再生特別措置法

ONEPOINT ADVICE！

さまざまな計画の関係性を知っておくと、人事異動後の転出先でもその知識を活かすことができます。現在携わっている計画の関連計画が、将来担当する計画になることもあります。

04 設計変更の「補正予算」は 3の倍数月までに試算する

補正予算は議会定例会の3か月前までに試算しておく

● 早めに当初予算を理解しよう

　異動で新たな部署に着任したら、まず係長から今年度の当初予算書の写しをもらいましょう。この予算書を見ることで、今年度に処理しなければならない事務の概要を把握することができます。

　例えば、生活道路整備事業を担当しているケースを考えます。この事業を担当している場合、測量や設計のための委託料が予算計上されているはずです。また、物件移転のための補償費や用地取得のための公有財産購入費、そして工事費等が計上されているでしょう。

● 補正予算を試算するタイミング

　予算書に記載されている内容を把握できれば、前任者からの引継書と見比べながら、「なるほど、○月頃にこの予算を執行して仕事をするのか」という明確なイメージを持つことができます。

　また、予算の不足が予測できた段階で、早めに補正予算の試算を準備することができます。**補正予算の試算は、次頁の図のように、3の倍数月までに行うように心がけましょう。**

　例えば、9月議会で補正予算の議決を目指すなら6月までというように、補正予算が議決される3か月前までに試算しておくイメージです。その頃までに上司に相談しながら、早めに準備を進めましょう。

● 先輩の仕事ぶりを真似てみよう

　自治体では、係長になると、必ず予算の作成に携わります。新年度になった段階で、早めに予算書に目を通し、予算を把握する練習をしておきましょう。また、先輩が担当している業務での設計変更や補正予算の要求の実務を参考にすることも忘れずに。「〇月頃にはこんな準備が必要なのか」という心づもりをしておけば、年間スケジュールを思い浮かべながら、常に余裕を持って実務を進めることができます。

■ 3の倍数月までに試算して、次の議会に備える

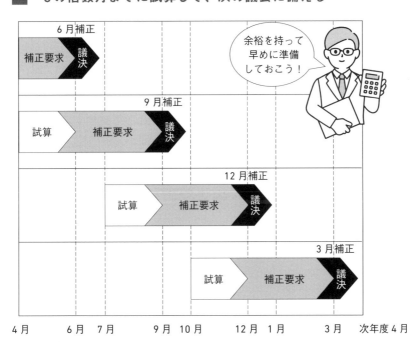

技術系公務員の実務では、国庫補助金に関する実務等もあります。
図を参考に、自分なりに詳細な年間スケジュールを作成しておくと、
次年度以降の計画的な実務の遂行に役立ちます。

05 契約理由から「外部委託先」を考える

「プロポーザルで随契」、そんな言葉を聞いたらこの頁を

● 原則は一般競争入札

　自治体が行う委託業務等の発注は、税金で賄われるものであるため、「より良く、より安く」行うことが求められます。そのため、不特定多数の参加者を募る「一般競争入札」が原則とされています。

　しかしながら、一般競争入札は準備に多くの作業や時間が必要になるため、結果的に当初の目的が達成できなくなってしまうこともあります。そこで、**例外的に「指名競争入札」や「随意契約」による契約が認められています**。

● 理由が明確であれば随意契約

　「指名競争入札」によることができる要件は、①契約の性質・目的が一般競争入札に適しない契約をするとき、②契約の性質・目的により、入札に加わるべき者の数が一般競争入札に付する必要がないと認められる程度に少数である契約をするとき、③一般競争入札に付することが不利と認められるときです（地方自治法施行令167条）。

　「随意契約」によることができる要件は、①予定価格が少額の場合、②性質又は目的が競争入札に適しない場合、③緊急の必要により競争入札に付することができない場合、④競争入札に付することが不利と認める場合等です（地方自治法施行令167条の2）。

◉ 技術提案ならプロポーザル方式

　調査・設計・計画等の業務を随意契約とする方法の1つに、プロポーザル方式があります。このプロポーザル方式は、業務内容が技術的に高度である場合、当該業務の明確な条件を提示した上で建設コンサルタントに提案書の提出を求め、技術的に最適な業者を選定するものです。この場合、随意契約の理由は「業務内容が技術的に高度であり、競争入札は適していないため」となることが一般的です。

◾ 契約の種類と概要

種類	概要
一般競争入札	公告によって不特定多数の者を誘引して、入札により申込みをさせる方法により競争を行わせ、その申込みのうち、地方公共団体にとって最も有利な条件をもって申込みをした者を選定して、その者と契約を締結する方法
指名競争入札	地方公共団体が資力、信用その他について適切と認める特定多数を通知によって指名し、その特定の参加者をして入札の方法によって競争させ、契約の相手方となる者を決定し、その者と契約を締結する方法
随意契約	地方公共団体が競争の方法によらないで、任意に特定の者を選定してその者と契約を締結する方法

※ 「せり売り」は、動産の売り払いに限定されている。

ONEPOINT ADVICE！

プロポーザル方式では、提案を評価するための評価基準を定める必要があります。実施に際しては、類似案件の評価基準についても情報収集しておきましょう。

06 「保険適用」の中身を熟知して事業の万全を期す

名称・概要・中身の順で理解を深める

◉ まずは予算書の「役務費」をチェック

　皆さんの部署の予算書には、どのような保険料が計上されていますか？　まだ予算書の保険料を詳しく見たことがない人は、**まず予算書に目を通し、歳出の「役務費」という節に着目してください。**

　「役務費」の中に「○○保険料」という記載があれば、その保険料の名称を確認します。そして、賠償責任が問われる場合など、どのような時に保険が適用されるのか、その内容を熟知しておきましょう。

◉ 保険の名称と概要からイメージする

　公務を行う中で、万が一、事故等が発生した際にどの保険が適用されることになるかイメージしておくことはとても重要です。

　次頁の表には、その一例として「賠償責任保険」と「補償保険」の2つを示しています。

　これら2つの保険のイメージを簡単に説明すると、まず「賠償責任保険」は、市有施設の瑕疵や市の業務での過失による事故によって被る損害をてん補するものです。

　「補償保険」は、市の行事への参加中や市から依頼を受けたボランティア活動中、事故により被災した住民に対して、市が支払う補償金（見舞金）をてん補するものです。

◉ 適用範囲を正しく理解しておく

例えば、全国市長会による「全国市長会市民総合賠償補償保険」という保険があります。これは「賠償責任保険」と「補償保険」の2つから構成されており、双方に加入することもできます。なお、保険の適用範囲は正確に理解しておきましょう。例えば、この賠償責任保険では道路等の施設での賠償責任は対象外になるため、道路の所管課では別途、道路賠償責任保険の保険料を予算計上していることがあります。

◼ 賠償責任保険と補償保険

名称	概要
賠償責任保険	市が所有、使用、管理する施設の瑕疵や市の行う業務遂行上の過失に起因する事故について、市に法律上の賠償責任が生じることによって被る損害に対して、保険金を支払う保険
補償保険	①市主催の行事に参加中、②団体または住民個人が、市の管理下で市から依頼を受けた住民に対するボランティア活動中、急激かつ偶然な外来の事故により被災した住民に対して、市の法律上の賠償責任の有無にかかわらず、市が支払う補償金（見舞金）に対して、保険金を支払う保険

ONEPOINT ADVICE！

万が一の事態が起き、保険適用を申請する場合は、時間に余裕がない状況も考えられます。いざというときに備え、例規集等を調べたり、申請様式を確認したりしておきましょう。

07 各種調査・関係工事は「根回し」が命

関係機関と連携するための下準備を忘れずに

● 他部署への影響は大きい

　技術系公務員になってしばらく経験を積むと、自分の担当する業務が他部署に与える影響の大きさに気づくことになります。これは、社会資本整備事業のほとんどが、関係機関の横断的な協力のもとに進められること、他の多くの業務とも関連していることからも理解できます。

　技術系公務員の業務には、照会・回答の各種調査をはじめ、道路、公園や土地区画整理事業等に係る工事のほか、業務のほとんどが他部署との連携を要するという特徴があります。このような**業務を円滑に進めるノウハウは、次頁に示した①から③までの3つがあります。**

● 3つのノウハウを念頭に

　①については、他部署の回答を待たなければ検討が進まない内容から、速やかに根回しを開始しましょう。自分の課や部だけでは検討できない内容は、早めに調整して回答を得ておくと安心です。

　②については、他部署との対話によって共通認識を持つことができれば、余計な手戻りを回避でき、結果的に円滑な業務にもつながります。

　③については、回答内容に疑義や不備があったり、他部署同士の調整や再確認が必要になったりする場合に備えて、集計後にも調整ができる期限を設定しておくとよいでしょう。

● 工事発注関係課と調整する

　皆さんが工事を発注する際、他の工事発注関係課と工程の調整を図る必要があります。都市計画道路や区画道路を整備する土地区画整理事業等では、発注する工事だけではなく、他の工事発注関係課と十分に調整を図っておきましょう。例えば、工事を発注する際には、地中の上水道、下水道を所管する課のほか、他の道路管理者(国、都道府県、市町村)が発注する工事とも調整が必要になります。

■　各種の業務を円滑に進める3つのノウハウ

①先に根回しする

まず、自分の課または部だけでは検討できない内容から先に根回ししておきましょう。

②経緯等を説明しておく

細かい経緯や補足事項を伝える必要がある場合は、できるだけ他部署にも説明に行きましょう。

③余裕を持った回答期限を設定する

ある程度、他部署の回答期限を長くとることも重要ですが、皆さんが集計後に調整することができる余裕を持った回答期限を設定しましょう。

ONEPOINT ADVICE!

技術系公務員の業務を進める上で、特に重要とされるのが「根回し」です。「もう少し早く言っておいてくれたらよかったのに……」と言われることのないように根回しをしておきましょう。

08 起案の数字・名称は「レ点」を付けて回議する

チームプレーでミスを防ぐ、ちょっとしたコツ

● 起案文書をチェックする時はレ点を振る

　文書を起案したら、鉛筆書きや付箋が貼られて戻ってきてしまった。誰でも一度は経験したことがあるはずです。それならまだよいものの、もし誤字が見逃されたら、誤った文書を発送してしまうかもしれません。

　これらを防ぐためには、まず**起案文書を作成した時点で、レ点を振ってチェックするクセをつけましょう**。次頁の例は、広報紙の原稿の起案文書にレ点を振ったものです。このように、具体的な名称、数値、日付等の重要事項は、チェックして必ずレ点を振りましょう。また、**回議するときも、レ点が振っていなければ、振ってから回議します**。

● 前年の起案と比較する

　起案時にレ点を振る際は、前年の起案と比較しましょう。もし、変更点があれば、なぜ変わっているのか確認してから回議します。

　また、変更点のない場合も注意が必要です。いわゆるコピペで足りる場合もありますが、前年通りで問題はないか、しっかり確認するとミスを防ぐことができます。

　例えば、条例・規則・要綱の改正や組織機構改正等の影響を受けている内容をそのままにしてしまうミスが挙げられます。前例踏襲の落とし穴に引っかからないように十分に気をつけましょう。

● 数値は必ず電卓で計算して確認する

予算（当初・補正）、決算に関する起案等、数字の多い文書の起案・回議では、レ点を振ることが特に重要です。レ点がない起案が回議されたら、必ず電卓で計算して間違いないことを確認しておきましょう。

「レ点が振られていない場合は要注意！」という意識が組織に根づくように、部下や後輩への指導も忘れずに。しっかりと組織に定着し、チームプレーが徹底すると、とても心強くなります。

■ 広報紙の原稿を起案し、または回議する場合のレ点チェック

都市計画案の縦覧

都市計画課（☎（○○）○○○○）✓

伊勢崎都市計画地区計画の変更（伊勢崎駅周辺地区）✓および伊勢崎都市計画特別用途地区の変更（伊勢崎駅前地区）✓について、都市計画案を縦覧します。

期間　6月21日（月）✓から7月5日（月）✓まで

会場　都市計画課✓・中心市街地整備事務所✓

【意見書の提出】

この案について意見のある人は、意見書✓を提出できます。意見書は会場に備え付けの物または必要事項（住所✓・氏名✓・意見✓の要旨）を記入した物を、直接または郵送で都市計画課✓へ提出してください。

宛先　〒○○○‐○○○○✓（住所不要）市役所都市計画課✓

締切日　7月5日（月）必着✓

ONEPOINT ADVICE！

レ点がまったく振られていない起案文書が決裁権者に届くことがないよう、チーム全員で徹底しましょう。レ点を振ることが組織に根づいていない場合には、職場研修をすることもよいでしょう。

09 住民周知文書は「以降」を意識的に用いる

予期せぬ事態に備える、信頼確保のための工夫

● コロナ禍で相次いだ事業の延期・中止

　コロナ禍では、技術系公務員の事業を推進する上でもさまざまな影響が生じました。緊急事態宣言等により、大人数を1か所に集める住民説明会の開催は、延期や中止を余儀なくされました。また、住民説明会に替えて、やむを得ず説明資料を全戸配布や全戸回覧に変更した例もあります。住民の健康を第一に考えれば、これらの対応は極めて重要です。

　しかしながら、これらの対応には、新たな予算措置が必要な場合も多く、速やかな対応が困難な場合も少なくありません。こうした先行きが不透明な状況下で役立つ、信頼確保のための工夫をお伝えします。

● 「～頃」ではなく「～以降」を用いる

　事業実施に際しての住民周知文書では、多くの場合、実施時期を「～頃」と記載し、おおむねの時期を示すのが一般的です。確かに、自治体から発送する住民周知文書では、事業実施時期はできるかぎり明確に伝えることが重要です。しかし、コロナ禍のように事業の延期や中止が頻繁に生じる場合、「～頃」と明記することは難しくなります。

　そこで、住民周知文書で事業実施時期を記載する場合には、遠い将来であればあるほど、また前倒しの可能性が少なければ少ないほど、**「～頃」ではなく「～以降」を意識的に用いる**のです。

● 正確な時期を適切な時期に周知する

　例えば、「令和10年度頃」と記載する予定であった住民周知文書は、下図のように「令和10年度以降」に修正します。万が一、この事業が令和13年に延期となった場合を想定してください。「令和10年度頃」としていた場合は、誤報との苦情を受ける可能性があります。しかし、「令和10年度以降」であれば誤報ではありません。正確な時期がお知らせできるようになったら、再度、住民周知文書を発送しましょう。

■　「～以降」を用いた住民周知文書の一例

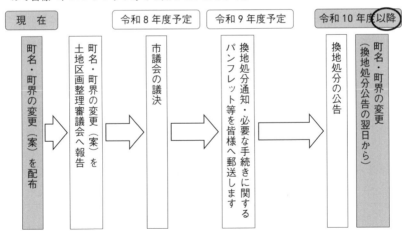

今後の予定（町名・町界の変更時期について）

　町名・町界の変更（案）につきましては、今後、土地区画整理審議会へ報告し、市議会の議決等の手続を経て決定されます。町名・町界の変更に伴い必要になる手続等については、町名・町界の変更時期（令和10年度以降を予定）にあわせて、あらためて皆様へ、パンフレット等でお知らせいたします。

現　在		令和8年度予定	令和9年度予定		令和10年度以降	
町名・町界の変更（案）を配布	町名・町界の変更（案）を土地区画整理審議会へ報告	市議会の議決	換地処分通知・必要な手続きに関するパンフレット等を皆様へ郵送します		換地処分の公告	町名・町界の変更（換地処分公告の翌日から）

ONEPOINT ADVICE！

技術系公務員の業務では、住民に義務を課し、権利を制限することが多いため、誰もがその事業実施時期を気にしています。最悪を想定しつつ、「～以降」を意識的に用いましょう。

10 恥をかかない「文章作成」のコツ&マナー

先輩・上司の手を煩わせないための工夫

● 重要なコツを覚えよう

　上司からの赤字修正の少ない、完成度の高い文章を書くコツ。それは、文章の熟成期間を置くことです。文章を作成し、そのまま完成とするのではなく、客観的な目で読める状態になってから推敲するのです。

　不特定多数が目にする資料、長期的かつ広域的に読まれる資料の作成では、特に客観的で読みやすい文章が求められます。**完成度の高い文章を残すためには、必ず次の3段階のステップを経ることをお勧めします。**

● 3段階の文章作成ステップ

　①まず、直感で文章を書いたら、原稿を一度机にしまって寝かせておきます。なぜなら、この時点ではまだ心の奥底にある想いが残っているため、「書き手」の目線でしか推敲できないからです。

　②原稿を寝かせている間も、頭の中ではぼんやりと考え続けます。この期間を2～3日置くことによって、次第に文章の角が取れて滑らかになったり、より適切な単語が思い浮かんだりします。直感で書いたときとは別人のような視点で原稿を読めるようになるのです。

　③熱い想いが冷めてきて、冷静な目で推敲できると思ったら、机の中の原稿を読み返してみます。冷静かつ客観的に原稿を読めるようになってから、「第三者にどう読まれるか」を意識して推敲しましょう。

● 基本的なマナーも要注意

　会議の開催を通知する文書等では、その冒頭に時候のあいさつを記載することがあります。この**文書を起案したり、回議されてきたりした際には、必ず時候のあいさつも確認しましょう。**

　冬に郵送する開催通知の起案を回議したら、「新緑の候」を「初冬の候」に直すよう赤字修正が入っていた。こんな経験がありませんか？　前例通りの通知文書でも、必ず時候のあいさつも丁寧に確認しましょう。

■ 時候のあいさつの一覧

月	時候のあいさつ
1月	初春の候、新春の候、厳寒の候
2月	余寒の候、残冬の候、春寒の候
3月	早春の候、春陽の候、浅春の候
4月	春暖の候、陽春の候、仲春の候
5月	新緑の候、薫風の候、惜春の候
6月	初夏の候、梅雨の候、向夏の候
7月	盛夏の候、盛暑の候、酷暑の候
8月	残暑の候、晩夏の候、暮夏の候
9月	初秋の候、新秋の候、新涼の候
10月	秋冷の候、仲秋の候、紅葉の候
11月	晩秋の候、深秋の候、向寒の候
12月	初冬の候、寒冷の候、師走の候

ONEPOINT ADVICE！

文章作成の技術を磨きたい人には、工藤勝己著『一発OK！誰もが納得！公務員の伝わる文章教室』、小田順子著『令和時代の公用文書き方のルール』（ともに学陽書房）がお勧めです。

11 資料は「1枚のみ」「ポイント3つ」で作成する

把握・要約・説明の3ステップで整理しよう

● 全体を把握する練習をする

　皆さんは担当業務の全体像や概要を把握するために、どのような工夫をしているでしょうか。思い出すために分厚いファイルを毎回引っ張り出しているとしたら、それは効率が悪いと言わざるをえません。

　そこで、**仕事全体を素早く把握できるよう、1枚の資料にまとめることをお勧めします。**担当している仕事を1枚にまとめることは、決して容易ではありませんが、まずは「知っている」レベルを超えて、「説明できる」レベルまでしっかりと把握しましょう。

● 要約するコツを覚える

　次に、把握した内容を要約してみましょう。**要約する際は、日頃から意識して3つにまとめる練習をしておくとよいでしょう。**なぜなら、3つに要約された資料は、とても頭に入りやすいからです。

　もし、「伝えたい要点は9つあります」と言われたら、皆さんはどう思いますか？　「9つも覚えなければならないのか。それは大変だ」と誰もが思ってしまうでしょう。

　その場合は、まず3つの大きな要点を伝えます。そのうえで、「3つの大きな要点に沿って、さらに小さな要点が3つずつあります」と説明するなどの工夫をすると、わかりやすくなります。

● 説明するコツを覚える

　要約した内容を説明する際には、視覚的にもわかりやすく伝わることを意識して資料を作成しましょう。例えば、３つに要約した結論を１枚の研修資料に表現したり、スライドの中で箇条書きにしたりすることも効果的です。下図は、職場研修で「都市計画担当者に求められる３つの力」を説明するときの一例です。文字をたくさん羅列するよりも、一目で頭の中にスッと入ってくるようになります。

■　１枚のみ・ポイント３つで資料にまとめてみよう！

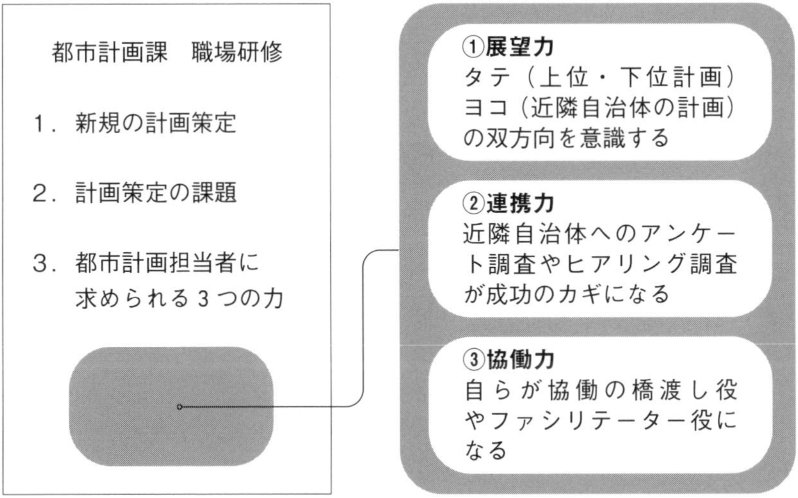

都市計画課　職場研修

１．新規の計画策定

２．計画策定の課題

３．都市計画担当者に
　　求められる３つの力

①**展望力**
タテ（上位・下位計画）
ヨコ（近隣自治体の計画）
の双方向を意識する

②**連携力**
近隣自治体へのアンケート調査やヒアリング調査が成功のカギになる

③**協働力**
自らが協働の橋渡し役やファシリテーター役になる

ONEPOINT ADVICE！

要約の練習は、日常業務でも可能です。打合せや会議などの結果を上司に報告するような場合も、３つに要約することを意識して行いましょう。

12 資料を「ビジュアル化」する シンプルなコツ

資料づくりの達人は、アイコン・イラストを使いこなす

● アイコンやイラストでビジュアル化しよう

　人間が情報を得るときは、視覚からの情報が得られやすいとされています。観光地で駐車場を示す案内標識に「P」というピクトグラムが用いられるのは、外国人でも「駐車場」と理解できるからです。

　資料を作成してレポートにまとめたり、人前でプレゼンする際も、ビジュアル化して伝えることが効果的です。**パッと一目でわかるように、アイコンやイラストでビジュアル化して資料を作成してみましょう。**

● とっておきのフリー素材提供サイト3選

　私は、研修会や講演会の資料に、ウェブサイトが提供しているフリー（無料）素材を活用しています。その中でもお勧めしたいのが、以下の3つのサイトです。

　①「icooon-mono」（https://icooon-mono.com/）

　②「ソコスト」（https://soco-st.com/）

　③「ちょうどいいイラスト」（https://tyoudoii-illust.com/）

　「icooon-mono」は、アイコンが充実しています。「ソコスト」と「ちょうどいいイラスト」は、人物や仕事等に関するイラストが充実しています。各種資料にアイコンやイラストを用いることで、説明の文字数を減らしたり、要領よくビジュアル化したりすることができます。

● 一工夫して、さらに効果的に伝える

　アイコンやイラストをそのまま使用しただけでは伝わりにくい場合には、より伝わりやすくなるように一工夫してみましょう。複数を組み合わせたり、さらに効果的に伝わる写真や文字を添えたり。特に、難しいことを視覚的に伝えたい場合に効果的です。

　ちょっとした工夫で、資料はぐっとわかりやすくなります。住民や事業者に伝わりやすい資料のレパートリーを増やしていきましょう。

■ アイコンを活用し、ビジュアル化して伝えよう！

　都市計画法 6 条は、都道府県がおおむね 5 年ごとに調査を実施するよう定めており、この調査が「都市計画基礎調査」と呼ばれるものです。

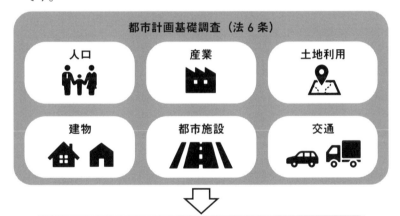

都市計画基礎調査（法 6 条）

| 人口 | 産業 | 土地利用 |
| 建物 | 都市施設 | 交通 |

都市計画基礎調査の結果に基づき都市計画を定める（法 13 条）

ONEPOINT ADVICE！

ビジュアル化は、料理とよく似ています。素材（アイコンやイラスト）を上手に活用し、いかにおいしい料理（伝わる資料）に仕上げるか。そう考えるとビジュアル化の作業が楽しくなります。

13 読みやすい会議録は「ピラミッド構造」で書く

スラスラ読める、わかりやすい文章を書くヒント

● どんなピラミッド構造がイメージできているか

皆さんは会議録を書くことになった場合、どのようなイメージを持ちながら書いていますか？　いきなり思いついたことを書き始めてしまい、その後に何度も修正して余計な時間がかかっていませんか？

読みやすい会議録を作成するコツは、「ピラミッド構造」の形で書くこと。つまり、「**結論**」や「**主張**」を頂点として、その下に「**理由**」「**例示**」を**ピラミッド型に配置**するのです。会議録を書き始める前に、会議の内容をピラミッドの形でメモした上で、簡潔な文章にまとめましょう。

● 結論・理由・例示を正しく関連づける

例えば、会議での結論が、次頁の図のように「庶務事務研修を開催するべき」ということだったとしましょう。会議録では、その結論を明記した上で、理由を記します。この例では、「職員が要点を学ぶことができる」「組織が効率的に成長できる」「庶務事務が適正に行われる」という3つの理由から構成されています。3つの理由を示すことで、結論に説得力を与えることができるのです。

そして、理由についての例示を示すことで、理由をより具体的に補完します。この例では、「手戻りによる残業が減る」「先輩によるOJTの負担が減る」「監査による指摘が減る」などを挙げて補完しています。

● 作成したら、もう一度読んでみる

　会議録を作成したら、もう一度、最初から読んでみましょう。この際、特に注意したいのは、理由の重複です。例えば、下図の理由にもう1つ「多数の職員が同時に成長できる」があれば、「組織が効率的に成長できる」と重複してしまいます。重複する理由をたくさん挙げてしまうと、読み手には余計な負担がかかります。理由の内容が、それぞれ独立しているかどうかに重点を置いて読み直してみましょう。

■ 結論・理由・例示の順で読むと、誰もがスイスイ理解できる

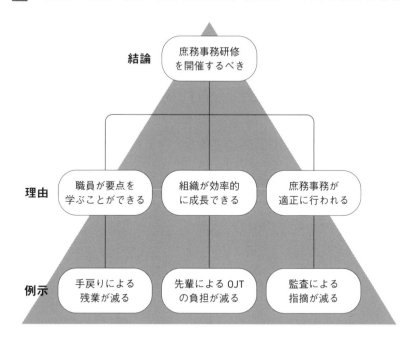

ONEPOINT ADVICE！

会議録の作成が上手になる秘訣は、ピラミッド構造を意識した会議録作成の数をこなすことです。数をこなすことで、素早く、読みやすい会議録が作成できるようになります。

14 「相手の立場」に なりきって交渉に臨む

地権者との用地交渉等をスムーズに進める極意

● 「自分」とは自分自身？ それとも相手？

「自分、めっちゃおもろいやん！」

私は、関西に住んでいたときに知ったこのほめ言葉から、素晴らしい文化を知りました。何をお伝えしたいかというと、**この言葉でいう「自分」とは、相手を指しているということです。**

いつも相手を楽しませ、相手への気遣いを忘れない関西の人たちの間では、「自分」を相手の意味で使うことがよくあります。つまり、「自分」とは、自分自身のことではなく、相手のことだと認識する文化があるのです。このことからとても重要な交渉の秘訣を学ぶことができます。

● 相手の立場になって考え、行動する

皆さんは、自分本位で仕事をしてしまっていることはありませんか？「相手の立場」になりきれてから交渉できていますか？　用地交渉や補償交渉等、さまざまな交渉をするときに、相手のことを「自分」と思えるようになってから臨めていますか？

相手の反応は、自分自身を映し出す鏡です。交渉に際しては、相手がその説明を受け止めた際に、どのようなことを考えるか、どのようなことを質問するかを十分に想定しておきましょう。そして、相手が心配するであろう内容までしっかりと説明することが大切です。

● 相手の心配を先読みしておく

　例えば、用地交渉や補償交渉に臨む際には、用地取得費、物件移転補償費、工事着手予定時期等、自らの実務の検討結果を伝えることだけに注力してはいけません。相手の立場に立って、相手に買取証明書が到着する時期、それを使用することになる確定申告の時期、登記が完了する見込みの時期等、相手にとっての懸念事項までしっかりと説明して、納得を得ることを心がけましょう。

■ 何事も相手の立場に立った準備で万全を期す

地権者	←	用地交渉	交渉担当者
住民	←	住民説明会	説明員
職員	←	職場研修	講師

Ⓞ ONEPOINT ADVICE！

　講演会や研修会の講師を担当する場合も、相手の立場を考えましょう。「相手がどう思うかまで考え、準備できた上で講演会、研修会に臨めているだろうか？」と自問する習慣を。

15 Zoomの「録画機能」で、人前での話し方を磨く

自信のある人にもない人にも、お勧めの練習法

● 練習こそが、話し方上達の近道

　私は、人前での話し方には自信がありません。管理職になった今では、職員研修や講演会の講師を依頼され、対応することもありますが、何回経験しても緊張してしまいます。

　「何か良い方法があれば」とずっと悩んできましたが、長年かけて気づいたことがあります。それは、**人前でうまく話せるようになるための最も良い方法は「練習」しかない**ということ。伝えることが得意な人ならともかく、私のようなタイプの人は、事前に練習するしかないのです。

● あらゆる機会を練習の場にする

　練習といっても、気負う必要はありません。どんな場面でも練習することができます。例えば、職場によっては、朝礼のときに輪番制で一言話す機会がある場合があります。そんな場面でも、練習することを心がけましょう。

　本人では気づきにくく、練習を要するものとして「口癖を直す」ことが挙げられます。「えー」「えっと」「あのー」を多用して話してしまう人や、「要するに……」「逆にいえば……」を多用してしまう人もいます。同じ言葉が連続すると、どうしても耳についてしまい、気になり出すと話に集中できなくなってしまいます。

● 自信がある人ほど録画して確認しよう

　近年、オンラインによる会議や動画の視聴が定着しました。気軽に動画を楽しめるという視聴者にとっての良い面もありますが、話し手にとってはアーカイブ動画が残り続けるというプレッシャーもあります。

　人前での話し方に自信がある人も、ぜひZoomを活用して録画し、自分の話し方を確認してみましょう。アーカイブ動画が配信されてから「えっ、私はこんな話し方をしていたのか」と気づいても後の祭りです。

■ 自分では気づきにくい口癖も、Zoom録画で見て直そう

えー、えっと、あのー、
要するに……
逆にいえば……

…

ONEPOINT ADVICE！

研修等の講師を行う際は、面倒でも読み原稿を作成して練習しましょう。所要時間が把握できれば、持ち時間が変更されても、話の一部を割愛したり、参加者に質問したり臨機応変に対応できます。

16 難しい説明は「身近な物」 に喩えて話す

難しいことをやさしく、やさしいことを深く

● まずは「わかるかも」と思わせる

　専門知識のない相手に、自分が作成した資料を説明する場面を思い浮かべてみてください。どう話すかはもちろん、意識したいのは、説明を受けている相手がきちんと話を理解できるかどうかです。

　「一般的に用途地域は、線引き都市計画区域の市街化区域と非線引き都市計画区域の一部に指定されます」という説明は、正しい説明です。

　しかし、都市計画の初心者にいきなりこの説明をして、すんなり理解してもらえることはまずありません。「自分には理解できないかも」と思われてしまい、その先の説明を熱心に聞いてもらえなくなってしまうのは必至です。**冒頭では「わかるかも」と思わせる必要がある**のです。

● 比喩や例示を使って説明する

　用途地域を初心者にわかりやすく説明しようと思ったら、細かい用語から説明するのはNG。次頁の図のように、「まずは、目玉焼きをイメージしてください。目玉焼きの黄身の部分が用途地域です」というように、**誰でもイメージできる身近なものから説明すると理解しやすくなります。**

　私が講演する際は、本物の目玉焼きのスライドを見せてから、次頁の図の説明に入ります。それほど、説明のファーストインパクトには重点を置くようにしています。

● 質問がくるようになればしめたもの

　「市街化調整区域には用途地域が指定できないのですか？」といった質問が上がったらしめたもの。しっかりと説明を聞いてもらえている証拠です。説明を受けている人は、図を正確に理解しようとしているからこそ質問しているのです。「原則として、市街化調整区域には用途地域を指定しません」と説明すれば、より正確なイメージを持ってもらえるでしょう。

■ 難しいことは、やさしく言い換えて説明する

例えば、「目玉焼きの黄身の部分が用途地域です」など

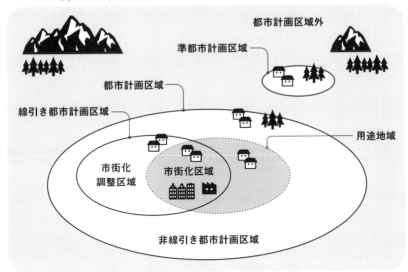

ONEPOINT ADVICE！

「むずかしいことをやさしく、やさしいことをふかく、ふかいことをおもしろく」。作家・井上ひさしの言葉です。技術系公務員の仕事で説明するときにも、参考になります。

17 「ファシリテーター」を 担うときの7つのポイント

住民参加の場面で押さえておきたい勘どころ

● ワークショップ形式の会議に臨む

　大多数の技術系公務員が経験する手続の1つに、住民説明会があります。これは、自治体が策定した計画（案）を提示しながら説明し、納得してもらえるように努める形式が多くなります。

　一方、計画（案）策定段階から住民の意見を募り、反映するために、ワークショップ形式の会議を開催することもあります。私の経験上、住民の生活に大きな影響を与える可能性が高い事業や、住民の賛否が分かれると推測されるような場合には、ワークショップを行うと効果的です。

● ファシリテーターになったら

　ワークショップの開催に際しては、水先案内人ともいえるファシリテーターの役割が重要です。ファシリテーターになったら、**ワークショップ開始前に次頁の7つのポイントを再チェック**。緊張していたら、まずは「深呼吸」です。ゆっくり落ち着いて、笑顔で始めましょう。

　開始後は意見を述べやすい和やかなムードづくりを心がけ、あくまでも中立に、参加者全員から意見を引き出しましょう。そして、さまざまな意見にも柔軟に対応し、否定し合う場にならないよう気をつけます。

　次頁のように模造紙に意見を書いた付箋を貼り付けて、「共通項」を見出せるように整理しておくと、その後の合意形成にも役立ちます。

● 自信と説得力のある技術系公務員になるために

　ファシリテーターを経験すると、地元の声を肌で感じ取ることができ、完成した計画に記された活字の奥底にある情景まで思い浮かぶようになります。

　その活字の根拠となる「発言した人の想い」「提案した人の熱意」「決めた方向性の根拠」等が、頭の中で鮮明に蘇ってきます。活字の根拠まで踏み込んで理解しておくと、その説明にも自信と説得力が増すのです。

■ ファシリテーターになったら押さえたい7つのポイント

> ①年齢や性別など、参加者の特性を意識して臨む
> ②開始したら、タイムキーパーの役割も忘れずに進行する
> ③遅刻した人や欠席予定者が来たら、場の状況を簡潔に伝える
> ④話題が脱線してきたら、タイミングよく元の話題に戻していく
> ⑤感情的になりそうな参加者がいても、落ち着いて進行する
> ⑥表現に困っている参加者の意見は、やさしく言い換えてみる
> ⑦定刻どおりの終了が難しそうな場合は、延長の了解を得る

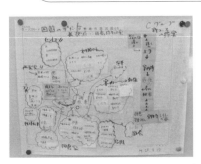

出典：「境島村まちづくりビジョン」（伊勢崎市）

ONEPOINT ADVICE !

ファシリテーターになる機会があれば、ぜひ積極的に経験を積むことをお勧めします。そして、住民参加の現場で汗を流すことの充実感を経験してみましょう。

18 魅了される「まち歩き」に するための唯一と一番

「ないものねだり」より「あるもの探し」を

● 参加者の気を惹く

　技術系公務員は、仕事柄さまざまな場面で、まち歩きを経験する機会があります。

　研修で他の都市のまち歩きに参加したり、景観計画やまちづくりビジョンの策定業務で、公募による住民を集めたまち歩きを開催したりすることもあるでしょう。また、まち歩きのイベントを開催して、さまざまな参加者に地域の情報を伝える役割を担う場合もあります。

　もし、皆さんがまち歩きで地域の魅力を伝えるとしたら、どのように伝えると効果的でしょうか。

● 最も効果的な解説は「唯一」と「一番」

　まち歩きの参加者の気を惹く、最も効果的な解説は、「唯一」または「一番」であることを伝えることです。人間は、過剰に情報を与えられても、それらのすべてが記憶に残るわけではありません。だからこそ、参加者にとって価値のある情報を効果的に伝えることが大切なのです。

　オンリーワンか、ナンバーワン。つまり、その地域の希少性こそが、記憶に残る最大の武器になります。

　「一番」と言える何かがあればよいものの、なかなか見つからないこともあるでしょう。そこで、「唯一」に着目することをお勧めします。

● 参加者が魅了される解説をしよう

　皆さんが住むまちや担当する地域が、全国的に有名な観光地等でなければ、すぐに「唯一」や「一番」を探すことはできないかもしれません。

　しかし、すぐに探し出せない「唯一」や「一番」を解説することができれば、むしろ誰もが知る「唯一」や「一番」を解説するよりもずっと参加者の満足度が高まるのです。自治体のウェブサイトや要覧のほか、図書館に行って郷土資料や過去の古い文献を調べてみてもよいでしょう。

■ 「唯一」と「一番」でまち歩きの解説をする一例

【左上】
旧時報鐘楼は、戦災の痕跡を残している群馬県内で一番古い鉄筋コンクリート造の建造物です。
【左下】
いせさき明治館は、群馬県内で一番古い木造洋風医院建築です。
【右下】
田島弥平旧宅は、群馬県内で唯一の世界遺産「富岡製糸場と絹産業遺産群」の構成資産の１つです。

ONEPOINT ADVICE！

最も残念な解説は、「私が担当しているこの地域では、特に目立った特徴はございませんが」です。自治体職員同士の謙遜した日常会話ではあり得るかもしれませんが、まち歩きではNGフレーズ！

技術系公務員は、国、都道府県や他市町村へ派遣研修に行くことがあります。私は1年間、群馬県県土整備部都市計画課へ派遣研修に行き、新たに施行された景観法や屋外広告物法に関する事務の市町村支援を担当していました。

　県の立場を経験してわかったのは「新しい法律の施行等による前例のない事務では、各市町村の悩むことがほぼ同じ」ということです。市に戻ってきてからも「他市町村でも悩んでいるかもしれない」と思った場合は、「実は、悩んでおりまして……」と他市町村へ問い合わせをしています。「ですよね〜」という声を聞くと、ほっとして気持ちが楽になります。

　県の役割の重要性も身をもって経験できました。具体的には、町村職員の業務の幅広さが身に染みてわかり、いざ困ったときに県職員という心強い助っ人が重要だと痛感しました。町村の職場では、想像以上に人員削減が進んでおり、多分野を1人で担うスーパーマンのような職員に支えられていることが多かったのです。私にとっては、県の立場でこうした町村職員への支援ができたことが貴重な経験になりました。

　県や他市町村の職員との人脈を築けたこともありがたかったです。技術系公務員は、人事異動により複数の課を経験することになりますが、私もさまざまな課に異動してから、県や他市町村の職員との人脈を活かせる場面がたくさんありました。

　もし、皆さんが派遣研修の機会に恵まれたら、技術系公務員人生の宝物になると思って、たくさんの人脈を築いておくようにしましょう。　「百聞は一見にしかず」や「同じ釜の飯を食べた仲」を実践できるワクワクの毎日。外部組織に身を置き、違う立場の人と一緒に実務経験を積むことは、将来の大きな財産になります。ぜひ、所属する組織から越境する経験も、前向きに検討してみてはいかがでしょうか。

PART

③

成果と信頼を獲得する！

技術系公務員の
思考法

01 「5W3H」で疑問・違和感の原因をなくす

5W3Hを把握してモヤモヤを解消

● まずは根拠を調べておこう

　事務手続の説明を受けたときに、どこか腑に落ちず、疑問が残ってしまうことがあります。その原因の多くは、情報が不足していたり、説明がわかりにくかったりするからでしょう。「許可申請の期限はいつか」「申請先は県か市か」「手数料の金額はいくらか」など、申請者にとって重要な内容が伝わっていないことが原因です。そこで、相手に説明する際には根拠を調べておき、漏れなく伝えられるようにしておきましょう。

● 5W3Hを整理してみよう

　日常業務では、次のような状況にも心当たりはありませんか？　突然の電話に慌てつつ、できるだけ漏れがないようにメモを取る。住民周知文書の作成中、記載項目に不備がないか確認する。上司に報告する際、要領よく全体を理解してもらうため、何を伝えるべきか整理する。

　これらのすべての状況で役立つフレームワークがあります。**着眼点は、物事の全体を理解するために何を捉えればよいかということです。**そのフレームワークが、次頁に示した5W3Hです。When（いつ）Where（どこ）Who（誰）What（何）Why（なぜ）How（どのように）How many（どれほど）How much（いくら）を把握するようにしましょう。

● 「いくら」「どれほど」も忘れずに

　皆さんが知っている言葉としては、5W1Hのほうが有名かもしれません。5W3Hは、5W1HにHow many（どれほど）How much（いくら）を加えたものです。技術系公務員の業務では、「延長100mの道路改良工事で700万円」や「延長200mの側溝敷設工事で800万円」というように、定量的な回答を求められる質問も多いのです。このため、どれほど、いくらの2つの情報も把握するように心がけましょう。

■ 5W3Hで疑問・違和感を解消しよう！

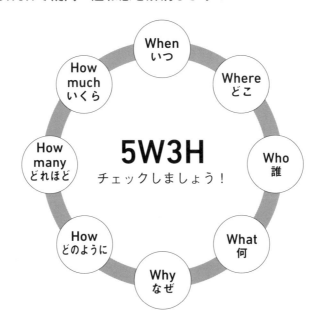

ONEPOINT ADVICE !

5W3Hにより物事を把握する技術は、普段の業務の中でも訓練することが重要です。自席での電話対応や外出先での交渉においても、常に意識して確認するようにしましょう。

02 ウマ・トラ・ネコを 「知ったかぶり」しない

聞くは一時の恥、聞かぬは一生の恥

● すぐに聞く、何でも聞く

「ここの工事中の道路は危険だな。すぐにウマを設置しておいてくれ」「この隙切部の官民境界を小学生が出入りしたら困る。コーンとトラ棒で立入禁止の養生をするように」「冠水箇所に土のうを持っていく。倉庫からネコを出しておいてほしい」——。

そんな指示を受けた際、ベテランの技術系公務員は、次頁の写真のとおり対応を図ります。しかし、経験が少ないと、聞き慣れない専門用語を理解し、適切に対応することはできません。**わからないことは、躊躇せずに質問・確認しましょう。「知ったかぶり」は禁物です。**

● 専門用語をしっかりと教えてもらおう

ウマは、工事現場に置く4本足の台です。その他、4本足の作業台や作業足場のことを指す場合もあり、その使い道もさまざまです。

トラは、建設現場でよく見る黄色と黒のシマ模様を指します。トラ模様のロープは、「トラロープ」と呼ばれています。目で確認しやすい配色である黄色と黒は、注意を喚起する場面でよく使われます。

ネコは、土砂等を運ぶ一輪車のことです。車輪が1つの手押し車のことを一輪車といいますが、別名でネコまたはネコ車と呼ばれています。砂利などの建築資材を運んだり、土のうを運んだりする際に便利です。

◉ 数字のみの用語、法律に基づく用語も覚えよう

さらに、数字のみの用語や法律に基づく用語もあります。

「この道路は、4・7・15（よんななじゅうご）です」の意味は、道路の断面が上から順に、表層4cm、上層路盤7cm、下層路盤15cmになっているということです。このほかにも、「53条許可」「76条許可」「14条地図」「2項道路」などは、法律に基づく用語です。これらの用語は、根拠となる法律条文を確認して、しっかりと覚えておきましょう。

■ 現場に行く前に知っておきたい専門用語の一例

 ウマ トラ ネコ

4・7・15：表層 4cm、上層路盤 7cm、下層路盤 15cm の道路断面の通称
53 条許可：都市計画施設内に建築物を建築するための都市計画法 53 条による許可
76 条許可：土地区画整理事業施行区域内に建築物を建築するための土地区画整理法 76 条による許可
14 条地図：土地の面積や距離等の正確性が高い不動産登記法 14 条 1 項による地図
2 項道路：幅員 4m 未満でも道路として扱う建築基準法 42 条 2 項による道路

> **ONEPOINT ADVICE！**
>
> 専門用語で、直角のことを「矩（カネ）」といいます。現場で「カネで頼む」といわれたら「直角で頼む」ということで「お金で頼む」ではありません。わからないことは何でも聞きましょう。

03 「バイブル・トレンド・ニッチ」の視点で業務を改善する

業務改善や新たな取組みに役立つ思考法

● バイブル・トレンド・ニッチの順で考えよう

　業務で新しい壁にぶつかった場合、テキパキと仕事をこなしていける突破力のある人、モヤモヤしながら時間ばかりが過ぎてしまう人の2つのパターンがあります。誰もが、できれば前者になりたいでしょう。しかし、どんな思考法で業務に臨めば前者に近づけるのでしょうか。

　新しい壁を乗り越え、業務改善や新規事業を成功へ導くためのキーワードは、「バイブル・トレンド・ニッチ」です。**その業務におけるバイブル（古典的事例）とトレンド（最先端事例）を徹底的に調べて、ニッチ（未着手事例）のあり方を考えるのです。**

● バイブル・トレンドのどちらも重要

　バイブルだけでトレンドを欠いても、逆にトレンドばかりを追いかけてバイブルを欠いても、ニッチなベストプラクティスは発見できません。

　バイブルを調べる理由は、すでに良い前例がある場合があるからです。良い前例があれば、皆さんの業務に導入すれば解決してしまいます。また、バイブルの中に前例がなければ、トレンドを調べればよいのです。

　トレンドは、バイブルの中では発見できなかった近年の事例が参考になるでしょう。参考になる最先端の前例を発見し、問題解決の糸口を見つけることができれば、皆さんの業務の中に反映させればよいのです。

● 改善提案に活かそう

　34〜35頁で紹介した世界遺産の事例も、トレンドを参考にニッチを実現した一例です。この事例では、直近の前例を参考に数年後の来訪者減を予測して、河川堤防等の公共空間を活用した駐車場を計画し、過剰な周辺環境整備を回避しました。前例の少ない分野であっても、ヒントはきっと見つかります。初めて着手する事業でもあきらめず、誰も実践したことのない取組みを提案することを目指しましょう。

■ バイブル・トレンド・ニッチの思考法

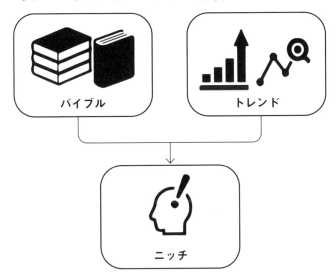

バイブルとトレンドから、ニッチな取組みを思考しましょう！

ONEPOINT ADVICE！

バイブルが横糸なら、トレンドは縦糸。その網の目の隙間であるニッチを見つけ出し、実践に結びつけることが重要です。この思考法は、技術士論文や博士論文の執筆にも非常に役立ちます。

04 「権威需要後期施工鑑賞地」 の語呂合わせを覚える

事業の全体像をさまざまな観点から把握するコツ

● 事業全体を把握するコツ

　上司から「事業の見学会を開催するので、至急準備してほしい」と頼まれた場合、事業説明の想定質問を考える必要があります。そこで、事業の全体像を捉えるために役立つ語呂合わせをお伝えします。

　それは、「権威需要後期施工鑑賞地」です。

　具体的には、次頁の表のように**事業の検討項目（建設費、維持管理費、需要予測、用地取得、交通安全、気象・自然条件、施工条件、工期・工程、環境対策、将来計画、地域計画）**の頭文字を並べた上で、1つの連なりとして覚えやすい漢字を当てはめたものです。

● 上達の秘訣は実務の積み重ね

　事業全体を素早く理解し、さまざまな質問にも対応できるようにしなければならない——。そんな余裕のない状況であればあるほど、この思考法で事業全体を把握することをお勧めします。また、人事異動後に初めて事業を担当する際にも、全体を把握する効率がアップします。

　また、新たに事業を行う場合でも、この語呂に応じた検討項目をあらかじめ調査することで、漏れなく検討したり、すぐに想定質問を考えたりすることができます。こうした日々の実務の積み重ねによって、事業全体を迅速に理解できるようになっていきます。

● 想定質問の対策までバッチリ！

　では、具体的にはどのように活用するのでしょうか。その一例として、「道路の着眼点」について、表にまとめてみました。

　この思考法を活用することで、すぐに検討項目や着眼点が思い浮かぶようになります。説明資料や想定質問の準備にも役立つ実務ノウハウですので、皆さんの実務にも活用してみてください。きっと、「職場にいてくれると心強い技術系公務員」になることができます。

■ 語呂合わせによる思考法の一例（道路）

語呂合わせ	検討項目	概　要	例）道路の着眼点
権	建設費	最初に要する建設費はいくらか	トンネル・橋梁
威	維持管理費	建設後に生じる維持管理費はいくらか	設計耐用年数
需	需要予測	事業に対する需要はどの程度なのか	交通需要予測
要	用地取得	事業に要する用地取得は可能か	登記記録情報
後	交通安全	事業場所の交通安全は確保できるか	平面・縦断線形
期	気象・自然条件	事業場所の気象・自然条件は厳しいか	凍結・排水性舗装
施	施工条件	特殊な施工条件を要することはないか	地滑り・地盤改良
工	工期・工程	工期や工程には無理はないか	標準工期・施工方法
鑑	環境対策	事業実施にあたり環境対策を要するか	騒音・振動・粉塵
賞	将来計画	将来計画はどう変化するのか	拡幅・電線地中化
地	地域計画	地域計画ではどう位置付けられているか	土地利用計画

ONEPOINT ADVICE！

道路だけでなく、さまざまな事業にも語呂合わせを当てはめて考えてみましょう。またこの語呂合わせは、昇任試験の論文・面接対策にも活用することができます。

05 部分最適ではなく、「全体最適」を考える

常に全庁的な視点で考え、役所全体を見て最適化を図る

● 誇りを持って業務にあたる

　技術系公務員が働く職場には、さまざまなものがあります。次頁の図は、伊勢崎市ウェブサイトから抜粋した行政機構図の一部を示しています。同図の中でも、灰色に着色した建設部や都市計画部は、技術系公務員の代表的な職場といえます。さらに、上下水道局や教育部にも技術系公務員が在籍しています。

　誰もが、担当している分野の技術を身につけようと日々、努力していると思います。各職員は、所管事務の根拠法令や書籍に目を通し、一日も早く技術を覚えられるように誇りを持って実務に臨んでいるのです。

● 自分の業務が至上であるという意識を捨てる

　誇りを持って業務を進め、部の目標達成に貢献することは大切です。一方で、自分の部のことだけを考える「部分最適」の意識を捨てることも重要です。例えば、土地区画整理事業の換地処分が良い例でしょう。

　換地処分によって、町名、町界、地番が変更になれば、住民票、固定資産税、選挙等の事務にも大きな影響が生じます。換地処分の時期によって、他部署の事務に支障をきたすのであれば、当然その時期を避けて計画するべきです。技術系公務員には、こうした他部署への影響も考慮して「全体最適」を目指して対応することが求められるのです。

◉ 広い視野を持つ

　技術系公務員の業務を行う際には、自分の業務が他部署に与える影響を常に意識すること、そして関連業務に興味を持ちながら進めることが大切です。また、あまり前例のない業務の場合には、実施時期を調整するための庁内アンケート調査を行うこともお勧めです。

　20～30歳代の人は、広い視野を持つために異動希望先を検討し、新しい職場へ異動したい旨の自己申告書を提出してもよいでしょう。

■ 全庁的な「全体最適」を目指して行動しよう

「全体最適」を目指す

総務部	企画部	財政部	市民部
環境部	健康推進部	福祉こども部	長寿社会部
産業経済部	農政部	建設部	都市計画部
公営事業部	消防本部	上下水道局	教育部

※各部（各課）の最適は「部分最適」です

ONEPOINT ADVICE！

新任の技術系公務員には、自分の業務が他部署に与える影響がわかりません。もし心配に感じたら、「この業務によって、他部署の関連業務にも影響が生じますか？」と先輩等に相談しましょう。

06 発注者としての「責務」と 「倫理」を常に意識する

立場・役割の違いを明確に理解し、適切に行動する

● 1年目で工事発注担当者や監督職員になることも

技術系公務員の多くは、工事発注や監督職員を経験することになるでしょう。新規採用で入ったばかりで、まだ現場経験の浅い職員の中にも1年目から工事発注や監督職員を担当している人がいます。また、自治体によっては、若手職員のうちに数多くの分野の工事を経験させるために、一定期間内に複数の部署への人事異動が行われているようです。

では実際に、新規採用職員や工事とは無縁の業務ばかりを経験してきた職員がいきなり工事を担当することになったら、どのような心構えで実務を進めていけばよいのでしょうか。

● 発注者の責務は、市の目的を達成すること

発注者は、市の目的を達成するために工事を発注します。その一方で、受注者は、工事を完成して引き渡すために施工します。

受注者側の現場担当者は、施工管理のプロです。このため、私たち技術系公務員よりも詳しい専門技術や現場対応については、むしろ教えてもらうという姿勢も重要です。発注者だからといって、常に受注者を技術指導できる専門性を身につけなければならないということはありません。最新の施工技術や技術開発等については、ぜひ参考にさせてもらいましょう。

❶ 良好な関係を築いても、公私混同はしない

　もう1つ重要なのは、受注者と良好な関係を築きつつ、決して公私混同しないことです。工事の完成を目指す上では、さまざまな協議を行いながらお互いにベストを尽くすものの、発注者と受注者の利害関係を意識しておくということです。仕事上、どんなに良好な関係が築けたとしても、一緒にゴルフ等へ行ったりしないことです。利害関係者との癒着が疑われるような行動は、厳に慎まなければなりません。

■　「責務」について

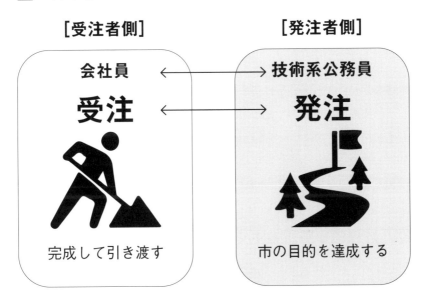

[受注者側]
会社員
受注
完成して引き渡す

[発注者側]
技術系公務員
発注
市の目的を達成する

ONEPOINT ADVICE!

発注者は、受注者が持つ技術力を最大限に発揮して、住民に喜ばれる成果を引き渡してもらう必要があります。市の目的を達成するために、より良い成果が得られるように監督しましょう。

07 「管理」と「監理」の違いを理解する

たかが1字、されど1字で異なる役割

● 管理と監理は違う

　工事を受注した施工業者は、施工管理担当者を定めて工事の施工を管理します。この施工管理には、工程管理、出来形管理、品質管理、安全管理等が含まれます。

　一方で、**工事を発注した皆さんは、監督職員として施工を監理します。**発注者側の技術系公務員に求められるのは、管理ではなく監理。これは一体、何を意味するのでしょうか。国土交通省が定めている「工事監理ガイドライン」では、工事監理について、「その者の責任において、工事を設計図書と照合し、それが設計図書のとおりに実施されているかいないかを確認することをいう。」と定義しています。

● 具体的な監理のポイント

　もう少し具体的に説明すると、工事現場の状況を把握するとともに、設計図書（設計書、図面及び仕様書）、請負契約書、請負契約約款や関係法規に基づいて、工事の監理を行います。

　そして、工事の進捗に応じた立会検査や最終的な完成検査を行い、必要に応じて指示、承諾や協議を行いながら監理します。設計変更や補正予算要求等の対応が必要な場合は、上司や先輩等に報告・連絡・相談しながら進めましょう。

● 住民目線を忘れずに

　工事現場や施工機械のイメージが持てない場合は、積極的に工事現場へ足を運ぶことや『改訂6版　写真でみる土木工事の施工手順　土木施工の実際と解説　上巻・下巻』（一般財団法人建設物価調査会）に目を通しておくことをお勧めします。工事現場に行った際は、現場周辺も確認しましょう。近隣住民が利用する生活道路や歩道への影響、振動、騒音や粉塵等です。これらは、工事中に苦情を受けることが多い内容です。

■　「管理」と「監理」について

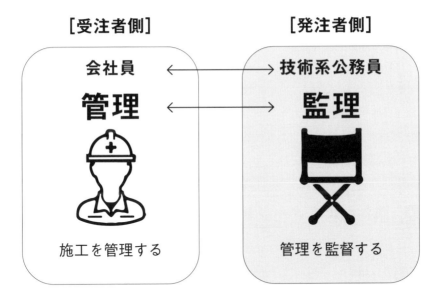

ONEPOINT ADVICE !

まったく工事を担当したことのない技術系公務員が、すぐに工事の監理を行うことは難しいでしょう。このため、上司や先輩等と一緒に行動しつつ、実務のポイントを教えてもらいましょう。

08 VE（価値工学）を駆使して「価値の向上」を目指す

VEを活用して価値の向上を実現する

● VE（Value Engineering）の考え方

　技術系公務員は、各種の発注業務を担当します。**必要な機能も許されるコストも理解している技術系公務員が、VEの考え方を知っておくことは非常に重要です。**国土交通省による「設計VEガイドライン（案）」では、価値向上の考え方の4つのパターンが示されています。

　具体的には、①コスト削減（機能を維持したまま建設費を下げる）、②機能増加（建設費を変えずに機能を向上させる）、❸コスト削減・機能増加（機能を向上させるとともに建設費を下げる）、④コスト増加・機能増加（建設費は高くなるが機能をより向上させる）です。

● 具体的にイメージして説得力を磨く

　具体的にイメージできるように数字で考えてみます。機能が10でコストが10なら、価値は10÷10で1です。これを標準に考えましょう。

　①では、機能を10のまま、コストを5に削減します。この場合、価値は10÷5で2です。②では、機能を20に増加させ、コストを10のままにします。この場合も、価値は20÷10で2です。最も優れる❸は、①と②のいいとこどり。機能を20に増加させ、コストを5に削減します。この場合、価値は20÷5で4です。④は、コストが20に増加するものの、機能を40に増加させます。この場合、価値は40÷20で2です。

◉ 発注者として強く認識しておく

VEは、民間企業から機能向上やコスト削減の技術提案を求めることによって、事業の価値を高めることができるものです。民間が持つ多様な技術力を活かして、効率的な事業実施につなげることが期待できます。

一方で、技術系公務員も発注者としてVEの考え方を理解しておく必要があります。そして、民間の技術提案を審査することができる視点を備えておきましょう。

■ VEによる価値向上の考え方の4つのパターン

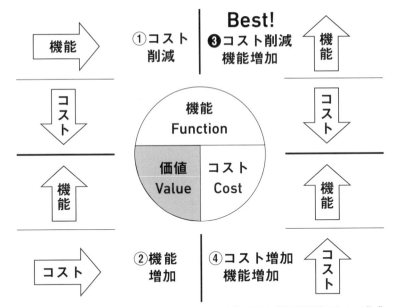

出典：国土交通省資料をもとに作成

ONEPOINT ADVICE！

VEの考え方は、民間企業の技術提案だけでなく、技術系公務員の業務の中にも応用することができます。あらゆる業務の中で、機能とコストの関係性を意識することが重要です。

09 「指標」に基づいて事業を把握する

事業のプロポーションを指標で測る

◉ 技術系公務員としての説明力をつけよう

　技術系公務員の業務では、事業に関する各種の指標について問い合わせを受けることがあります。例えば、「Ａ土地区画整理事業の総事業費と令和４年度の事業費ベース進捗率を教えてください」というものです。

　このような場合、「少々お待ちください」と答え、過去の事業費を合計して進捗率を計算していたら時間がかかったり、計算ミスしてしまったりするかもしれません。あらかじめ一覧表に整理しておき、「総事業費150億円で事業費ベース進捗率50％です」とすぐに回答することができれば理想でしょう。説明力をつけるためには、事前準備が必要です。

◉ 指標に基づいて把握する

　事業を常に指標で捉えておくことは重要です。人間の身体測定やカルテと同様に、事業もプロポーションを測って、次頁のように一覧表に整理しておくのです。人間も、背は高くスリムで軽量な人がいれば、背は低く筋肉質で重量の人もいます。同様に、土地区画整理事業も、ＢはＡに比べて、施行面積は大きく総事業費が小さいという特徴があります。

　こうした違いは、指標を一覧表に並べることで見えてきます。また、事業が多くなればなるほど、指標を一覧表にするメリットが大きくなります。数多くの事業の特徴が、浮かび上がってくるからです。

● 比較した指標をイメージする

　事業一覧表を整理できても、それで終わりではありません。じっくりと指標を眺めてみましょう。例えば、要移転戸数に着目すると、Aの300戸に比べてBは150戸と半分です。Bは、Aよりも物件移転補償費が少ないために総事業費が抑えられているとイメージできます。

　この例のように、あらかじめ事業一覧表を作成して比較することによって、各事業の特徴が把握しやすくなります。

■　土地区画整理事業一覧表の例

土地区画整理事業名称		A	B
施行者		市	土地区画整理組合
施行面積（ha）		70	80
施行期間		平成7年度〜令和8年度	平成6年度〜令和6年度
総事業費（百万円）		15,000	10,000
事業費ベース進捗率（%）		50	95
要移転戸数（戸）		300	150
減歩率（%）		20	25
保留地面積（㎡）		16,000	30,000
公共施設	都市計画道路延長（m）	4,500	5,000
	区画道路延長（m）	15,000	15,000
	公園面積（㎡）	20,000	25,000

※A、Bは、いずれも架空の事業です

ONEPOINT ADVICE！

土地区画整理事業に限らず、さまざまな事業の指標も一覧表に整理できます。さらに、毎年の予算額や決算額等の指標も追加して作成することも可能です。ぜひ担当事業の一覧表を整理しましょう。

10 事業開始時には、「終了時期」も検討する

始めるときに考えておくべき、3つのポイント

● 開始した事業の多くはやめられない

　技術系公務員は、多様なまちづくりに携わります。道路や公園等のハード事業だけではなく、ときにはソフト事業にも携わることがあります。

　これらのハード・ソフト事業を開始する際に注意しておかなければならない重要なポイントは、「開始した事業の多くはやめられない」ということ。**より正確に表現するならば、「一度必要と認めた事業は、やめることが簡単ではない」ということです。**これは、私たちが常に危険予知し、落とし穴に気をつけなければならないことでもあります。

● 新規事業を開始するときこそ慎重に

　特に新規事業の開始時には、慎重を期すべきです。次頁の図には、3つのポイントを示しました。まず、①長期的な視点です。安価で事業を開始できる場合や、寄附を受けて投資ゼロで開始できる場合もあります。しかし、壊れたら修繕するのか、滅失したら同等品を新規購入するのか、長期的な視点で考えておきましょう。②持続的な管理で危険予知したいのは、管理を担う団体がある場合です。業務委託が考えられますが、団体の解散等、管理不能になった場合の次の一手を考えておきましょう。③終局的な説明で危険予知したいのは、終了は難しいことです。継続・代替要望に対して、終了の説明責任を果たす必要があります。

● 試行期間や社会実験期間を設定する

　新規事業により、挑戦する姿勢は大切です。その前提で、私たちが忘れてはならないのは、これらの長期的な視点による運用です。

　一度開始したサービスは、既得権と捉えられることもあります。このため、運用結果に基づいて廃止する可能性があるサービスについては、適切な試行期間や社会実験期間を設け、長期的な視点から再検討することや廃止の見込みがあることを事前に周知しておきましょう。

■ 技術系公務員は、事業開始時に長期的な視点で考えよう

皆さんの職場でも、過去の経緯によって終了できていない事業がないか再点検してみましょう。本来の事業目的の観点から、現状を踏まえた上での廃止の検討を行ってみることをお勧めします。

技 術系公務員は、事務系の職場に配属されることもあります。私も、そんな経験をした一人です。

「技術職なのに、なんで自分が企画調整課に!?」——。

異動内示を受けて、心の中で叫んだことをよく覚えています。

私が企画調整課へ配属された理由は、「富岡製糸場と絹産業遺産群」の世界遺産登録に伴う周辺環境(駐車場、案内標識、トイレ、散策路等)の整備を所管することになったためかと思っていますが、本当のところはわかりません(異動って、そういうものですよね)。

最初は驚いたものの、企画調整課での仕事は、技術職の仕事を外から見る貴重な経験になりました。以前は接点が少なかった事務系の職場で、たくさんの事務職とも仲良くなり、全庁的な視点を身につけることもできました。

特に思い出深いのが、財政課と一緒に総合計画実施計画の査定を行ったこと。技術系公務員の職場にいた頃は、「また査定で予算を削減された。もっと事業課のことも考えてほしいよ…!」と苦悩することも多かったのですが、「査定には、こんなに苦労があったのか…!」と実状を知ることができました。

さらに、年間を通して議会対応が多いため、聞き取り表や答弁書の作成技術が身につきました。他課では数年間かかる議会対応の回数をたった1年間で経験できたと感じています。議会対応のノウハウは、技術系公務員の職場でも役に立つことは言うまでもありません。

結局、企画調整課は6年在籍し、次は土木課へ異動しました。

異動が決まったときの同僚からの言葉は忘れられません。

「まさか事務職の橋本さんが技術系の土木課へ異動するなんて大変だけど、いつかは戻れるから頑張って!」——。「いやいや、私はもともと技術職だから! 事務職だと思い込んでたの?」と苦笑せざるを得ませんでしたが、それだけ職場に馴染めていた、ということでしょうか。

PART

4

ノウハウを引き継ぐ！

技術系公務員の育成術

「業務マニュアル」を作成・更新して学び合う

今だけでなく、数年後の担当者にも技術を継承するために

● 業務マニュアルで職場の備えを万全に

　技術系公務員の業務は、測量・設計、用地買収、工事等、多岐にわたります。従来、これらの実務を通して得られた知見の多くは、日常業務を通じたOJTによって先輩から後輩へと引き継がれてきました。

　しかし、熟練世代の退職、未経験職員の転入、新規採用職員の配置等も多い中で、これまで機能してきた個人から個人への継承が正常に機能しなくなる可能性も高く、組織として何らかの対策を講じておく必要があります。こうしたことから、**職場の仲間で協力しながら業務マニュアルを作成・更新し、学び合うことが重要**になります。

● 業務マニュアルの作成を進める上での留意点

　職員数の削減が進む技術系公務員の職場では、忙しい日常業務の他に業務マニュアルを作成する余裕などないかもしれません。しかし、次頁の表のように、係全員で分担することで、無理のない作成スケジュールで進めることができます。

　業務マニュアルの作成では、最初から詳細かつ完璧なものを目指すのではなく、基本的な内容や実務上の留意点、トラブルを未然に防ぐ内容等に力点を置くことがお勧めです。案ができた段階で、新人や経験の浅い職員にも理解できるかどうかチェックしてもらいましょう。

● 業務マニュアル作成によるさまざまな効果

　業務マニュアルを作成しておくことで、経験豊富なベテラン職員が退職したり、人事異動で転出したりした場合も技術が継承されることになります。また、業務マニュアルの作成過程では「業務を再確認することができた」「むしろ勉強になった」「改善すべき業務が見えてきた」等の気づきが得られることも多いです。作成には時間と労力が必要になりますが、ぜひ学び合える職場づくりに向けて取り組んでみましょう。

■ 職場の仲間と一緒に業務マニュアルをつくる一例

業務マニュアルの作成スケジュール

期限	作業内容
第1四半期（6月まで）	担当する章の割り振り、資料作成の開始
第2四半期（9月まで）	各章の素案の完成
第3四半期（12月まで）	各章の読み合わせ・校正、案の完成
第4四半期（3月まで）	完成

> **ONEPOINT ADVICE !**
>
> 業務マニュアルの内容を理解し、後輩に伝え、より良いマニュアルに更新していく担当者は、全員です。常に業務の本質を問いながら、改善していけるよう、組織一丸となって取り組みましょう。

02 「危険の芽」を早めに共有して摘み取る

リスクをチェックするための5つの「不」

● 係員をみんなで支える

どんな組織でも、**危険の芽を早めに情報共有し、早めに摘み取ること**が重要です。そのための有効な方法の1つが、**定例係打合せを開催する**ことです。例えば、私が土木課道路係に勤務していた際には、生活道路整備の担当者全員で隔週金曜日に係打合せを行うことにしていました。

係員からの提出資料は指定せず、係で調整を要する内容があれば相談ができるように資料を準備してもらうことにしました。具体的には、次頁に示す①〜⑤の危険の芽を早めに情報共有するようにしたのです。

● 危険の芽を情報共有する

①「不安」は、狭小な現場で施工が可能か心配な場合などが挙げられます。狭小現場の監理経験者から助言をもらうことができるでしょう。また②「不満」は、各担当者に業務の偏りが生じている場合などが考えられます。状況がわかれば、発注時期を変更して業務平準化を図ったりすることができます。③「不足」と④「不用」は、工事の設計変更等により、工事費の増減が生じる場合が挙げられます。発注工事間で工事費の調整を図り、必要に応じて補正予算の準備に着手します。⑤「不振」では、用地や補償に係る交渉の停滞がその一例です。早めに情報共有できれば、チームで次の一手を考えることができます。

● チームワークで早めに行動する

　職場の全員でチーム内の危険の芽を情報共有できたら、すぐに手を打つことが重要です。複数の職員によるアイデア出しがあれば、その場で解決してしまう場合もありますし、定例係打合せ後に解決に向けた具体的な行動をとることが可能になります。

　危険の察知が遅れてしまうと、初動対応を誤ることにもなりかねません。チーム力を生かして早めに対処することを心がけましょう。

■ 危険の芽のイメージ

③不足

②不満

④不用

①不安

⑤不振

みんながこうなってしまわないために定例係打合せを!!

(ONEPOINT ADVICE!)

係長同士の定例打合せも有効です。各係長がスケジュール表を持ち寄り、今後の業務スケジュールや係間の応援・動員の可能性を情報共有しておくことで、将来の円滑な事務につながります。

「事務」と「技術」の壁をなくす7つの声かけ

「経験」をキーワードに職種間の垣根を取り払う

◎ 最も重要な声かけは「経験」に興味を示すこと

　技術系公務員の職場には、技術職・事務職の両方が在籍していますが、どうしても目には見えない壁があるのが事実です。**この壁を取り払うために有効な7つの声かけを次頁の表に沿って紹介しましょう。**

　1番目は、すべての声かけの中で最も重要な土台となる声かけです。この声かけができていないと、2番目以降の効果が薄くなります。それは、「あなたの経験を頼りにしています」（信頼の声かけ）です。誰でも、自分の経験を頼りにされることは嬉しいものです。

◎ 個人から組織に発展させる声かけ

　2番目は、「いつでも打合せして経験を学び合いましょう」（協働の声かけ）です。1番目の声かけで、職員の得意分野や特性を尊重した上で、協働を促します。課内で小人数の綿密な打合せをして、職員全員でアイデアを出し合うこともよいでしょう。

　3番目は、「あなたの経験で○○係を助けてあげてほしい」（応援の声かけ）です。例えば「あなたの計画係の経験を活かして、換地工務係を助けてあげてほしい」という声かけをしています。

　4番目は、「あなたの経験で○○係の危機を救ってほしい」（危機発生後の声かけ）です。災害対応等は、総動員の必要があります。

● 人財育成の意識を持たせる声かけも重要

　5番目は、「未知の経験によるトラブルを回避してほしい」(危険予知の声かけ)です。事務職も技術職も危険を予知する必要があります。

　6番目は、「あなたの経験をマニュアルに残してほしい」(継承の声かけ)です。技術職と事務職が一丸となる契機になっています。

　7番目は、「みんなの経験を見える化して共有しよう」(人財育成の声かけ)です。後述する114〜115頁が具体的な参考になるでしょう。

■　「事務」と「技術」の壁をなくす7つの声かけ

	声かけの意図	声かけの具体例
1	信頼の声かけ	あなたの**経験**を頼りにしています
2	協働の声かけ	いつでも打合せして**経験**を学び合いましょう
3	応援の声かけ	あなたの**経験**で○○係を助けてあげてほしい
4	危機発生後の声かけ	あなたの**経験**で○○係の危機を救ってほしい
5	危険予知の声かけ	未知の**経験**によるトラブルを回避してほしい
6	継承の声かけ	あなたの**経験**をマニュアルに残してほしい
7	人財育成の声かけ	みんなの**経験**を見える化して共有しよう

> **「経験」** をキーワードに技術職と事務職の壁をなくしましょう。

ONEPOINT ADVICE！

最も重要な1番目の声かけを的確に行うためには、職員勤務経歴を把握しておければベストです。ぜひ次頁で紹介する「職員勤務経歴一覧表」を準備しておきましょう。

04 「職員勤務経歴一覧表」で、職員の特性を可視化する

職員1人ひとりの経験値を活かす、ちょっとした工夫

● チームワークのために

　技術系公務員は、組織で仕事をしています。組織で仕事をしている以上、チームワークが極めて重要ですが、皆さんは、職場のチームワークを最大限に引き出すためにどのような工夫をしているでしょうか。

　特に管理職の立場であれば、率先して職場のチーム力を高め、効率的に成果を上げることが求められます。**そこで必要なのが、チームを構成している1人ひとりの特性や得意分野を把握しておくことです。**異動で新しい部署に着任する場合は、それらをあらかじめ把握しておければベスト。チームワークをかけ声で終わらせず、具体的に行動しましょう。

● 職員の勤務経歴を把握する

　勤務時間中は誰もが忙しく、過去の職場経験をゆっくり聞くような機会がないため、同僚の特性や得意分野も知らないままに過ごしがちです。

　そこで、私は新たな部署への着任前に「職員勤務経歴一覧表」を作成し、その部署の全職員の勤務経歴を把握するようにしています。

　この表の作成は簡単です。人事異動内示が発表されたら、異動することとなった転出先の職員の過去の勤務経歴を調べます。本人から直接聞き取りをしたり、職場で共有されている職員名簿から、過去の所属と勤務年数を調べたりしてもよいでしょう。

● 職員勤務経歴一覧表をチームワークに役立てる

　これにより、新たな職場の職員が8人いるとすれば、8人分の勤務経歴一覧表が完成します。これを活用することで、例えば、「太田四郎さんは管財課に在籍していたから、嘱託登記事務について助言してもらおう」とか「中之条七子さんは建設課の経験があるので、補償実務について部下に指導してもらおう」といった、職員の特徴を活かした強いチームワークに役立てることができます。

■　職員勤務経歴一覧表の例

都市政策部	氏名	R4 所属係	R3	R2	〜（略）	H22
部長	伊勢崎一郎	—	都市政策部 部長	企画部 副部長	…	建設課 道路係長

都市政策課	氏名	R4 所属係				
課長	富岡　二郎	—	下水道課 課長	建設課 課長補佐	…	企画課 主査
係長	高崎　三美	総務係	都市政策課 総務係長	都市政策課 総務係長	…	監査課 主査
係長	太田　四郎	計画係	建築課 審査係長	管財課 係長代理	…	都市政策課 主査
主査	板倉　五郎	計画係	都市政策課 主査	都市政策課 主査	…	市民課 主任
主任	前橋　六郎		公園課 主任	公園課 主任	…	—
係長	中之条七子	工務係	上水道課 計画係長	建設課 道路係長	…	下水道課 主査
主査	草津　八郎	工務係	都市政策課 主査	都市政策課 主査	…	公園課 主査

※網掛けの部分は、異動がなく同じ部署に所属

ONEPOINT ADVICE !

職員勤務経歴一覧表を作成することで、自分の特性や組織貢献のあり方を考える契機になります。また、技術職、事務職を問わず、広い知識や経験を学び合える職場環境づくりにもつながります。

05 「頼ること」に躊躇せず、率先する

さまざまな主体と「連携」して事務を進める

● 頼ることに躊躇しない

　前例のない事務や全庁的対応が必要な事務を担当することになった場合には、庁外・庁内を問わず情報を収集しなければなりません。ここで重要なことは、**恥ずかしがらずに、他者に頼れるかどうかです。**

　次頁の表は、私が担当した「景観行政団体事務の開始時」における庁外・庁内の連携事例を整理したものです。県内の市町村では景観行政団体事務の前例はありませんでしたが、全国にはたくさんの事例があり、かなりの情報を収集することができました。外部の専門家や関係機関であっても、電話連絡してお願いすれば、貴重な情報をいただけるケースが少なくありませんでした。頼ることに躊躇せず、率先しましょう。

● 「連携力」を身につける

　皆さんも前例のない事務を進める上でわからないことが生じたら、ためらわずに相談してみましょう。前例のない事務に無知であることは、決して恥ずかしいことではありません。**むしろ、専門家や他関係機関に相談せず、誤った判断をしたときこそ恥ずかしいのです。**

　技術系公務員が身につけるべき重要な能力の1つには、こうした「連携力」が挙げられます。専門家、関係機関、企業・団体、庁内各課等との連携を率先するとともに、視野の広い人財の育成にも努めましょう。

◉ 良い関係を築いて本音も教えてもらう

　新たに定める計画や条例がある場合には、近隣自治体へのアンケート調査やヒアリング調査が成功のカギになります。これらの調査の際には、ぜひ近隣自治体の担当者に、「実はこうすればよかった」「次回はこうしたい」「これだけはやめておいたほうがよい」などの苦労話や教訓を聞いて参考にしてください。当然、機会があれば恩を返すことも忘れずに。近隣自治体の担当者とは、互いに相談し合える関係を築きましょう。

■ 庁外・庁内の連携事例（景観行政団体事務の開始時）

連携先		概要	主な連携相手
庁外	専門家	景観計画策定委員会	大学教授等
		景観審議会	造園事業協同組合等
		屋外広告物審議会	屋外広告美術業協同組合等
	関係機関	景観行政団体アンケート	都道府県・他市町村
		屋外広告物条例制定	都道府県・検察庁
		違反簡易広告物除却活動	警察・防犯協会等
	企業・団体	関係団体ヒアリング	商工会議所等
		事業者説明会	建築士会等
		景観まちづくり講演会	市民活動団体等
庁内	各課	条例・規則の制定	法規担当課
		建築確認等の経由事務	建築指導担当課等
		景観イベント開催等	職員応援・動員

> **ONEPOINT ADVICE！**
>
> 技術系公務員は、さまざまな主体からの信頼を得て、連携しながら事務を進める必要があります。そのために、日々の情報収集に努め、アンテナを高く張っておくことを心がけましょう。

06 部下指導は「客観性」を 示して納得を引き出す

世代間ギャップを埋め、納得を引き出す指導を心がける

● 共通認識に立つための「客観性」を大切にする

　近年、技術系公務員の採用人数が減り、高齢化が進んでいる職場が増えています。そのため、新規採用職員と指導役を担うメンター職員の年齢差が大きく、ときには親子ほど離れていることもあります。

　こうした場合、世代間ギャップによる価値観の違いを埋めることが求められます。つまり、「背中を見て覚えろ」といったスタンスは御法度。**指導役の経験則による指示・助言だけでなく、「客観性」を示してわかりやすく説明する必要があります。**

● どんな部署でも役立つ指導方法

　年齢差のある若手職員に対して、「そんなことも知らないのか」と思うこともあるでしょう。しかし、自分の過去を振り返ると、先輩からの一言が「目から鱗の助言」であったことが少なくありません。そこで、部下指導に際しては、できるだけやさしく助言するようにしましょう。

　部下が納得できていないかもと感じたら、「客観性」のある根拠を示すことが大切です。特に若手を指導する際は、法律、判例、倫理、統計、前例を具体的に示し、その内容を添えて助言するのがお勧めです。これらの客観性を示すことは、技術系、事務系の職場を問わず、どんな部署に異動しても役立つ指導方法です。

● 中堅～係長の指導に役立つ問いかけ

一定の経験を積んでいる中堅職員や管理職を目指している職員には、提案の根拠を確認する際の問いかけにするとよいでしょう。その提案は、どのような客観性に基づいているのかを聞くのです。

その際、即座に下表の下線部分が示されれば、客観性に基づく提案を心がけていることがわかります。提案の根拠となる客観性を幅広く学び合うことで、その後の政策立案能力の向上にも役立ちます。

■ 納得を引き出す示し方の例

客観性	納得を引き出す示し方の例（下線部分を示しましょう）
法　律	景観法 16 条 7 項 11 号によれば、景観行政団体の条例で定める行為は届出の適用除外としています。
判　例	最高裁判所の判例（昭和 43 年 12 月 18 日）によれば、電柱等へのビラ貼りに刑事罰を規定した屋外広告物条例は、表現の自由を規定した日本国憲法 21 条には違反しないとしています。
倫　理	国家公務員倫理規程 3 条 1 項 7 号によれば、仮に職員が自己の費用を負担したとしても、利害関係者と共にゴルフをしてはなりません。
統　計	平成 27 年国勢調査による本市の人口は 20 万 8 千人であり、5 年前の平成 22 年国勢調査による 20 万 7 千人と比べると増加しています。
前　例	令和 2 年 9 月に群馬県富岡市が策定した「富岡市都市と交通のマスタープラン」では、都市計画マスタープラン、立地適正化計画、地域公共交通網形成計画の 3 つの計画が合わせて策定されています。

ONEPOINT ADVICE！

客観性を示す習慣は、部下指導に役立つだけでなく、個人の知識習得という大きな財産にもなります。住民や事業者から納得を引き出す場面でも応用できるでしょう。

07 貴重な経験ほど率先して「職場研修」する

OJT では学べないことを職場で共有する

● 貴重な経験は共有しよう

担当した業務について、先進的な取組みや珍しい取組みだと評価され、さまざまな関係先から講演会、出前講座、執筆依頼、行政視察、議会視察等の依頼を受けることがあります。

こうした依頼があった場合には、できるだけ引き受けられるよう上司に相談してみましょう。私も、他の自治体、住民、教職員、事業者、新聞社、他市の議会視察等からの依頼に対応したことがありますが、取組事例を内外にアピールできる絶好の機会になります。また今後、逆にこちらから問い合わせができるような良好な関係を構築できるかもしれません。ぜひ貴重な情報発信の機会を大切にしましょう。

● 職場研修を企画し、実施する

職場で情報共有したほうがよいと感じる経験をした場合には、その内容を整理しておくとともに、上司に相談して積極的に職場研修を開催しましょう。**人財育成の観点からは、職場経験の浅い新任職員への研修や庶務事務研修のほか、ハードクレーム対応や顧問弁護士相談の研修等も効果的でしょう。**ぜひ、皆さんが「OJT だけでは学べない実務」や「有事の際にも強い職場づくりに貢献できる実務」などを経験した場合には、上司に相談し、ぜひ職場研修を企画・実施してみてください。

◉　良書や要点メモの回覧による研修

　私は、多忙な職場で職場研修のまとまった時間を確保できない場合や職員が集まりにくい場合には、**実務に役立つ良書や要点メモを回覧して**います。近年では、職員が在宅勤務や時差出勤を行っている場合もあるため、回覧による職場研修はお勧めです。スキマ時間に目を通すことができる、思いついたらすぐ実行できるなど、会場に集合しなければならない従来の研修にはない利点もあります。

■　職場研修を企画・実施しよう

（例）
・新任職員研修
・庶務事務研修
・ハードクレーム対応研修
・顧問弁護士相談研修
・良書や要点メモの回覧による研修

> **ONEPOINT ADVICE !**
>
> **職場研修のメリットは、実務に直結した内容を学べること。このメ**リットを最大限に活かすため、皆さんが実務に直結する貴重な経験をした際には、積極的に職場研修で情報共有しましょう。

08 成功よりも「失敗」の経験を伝え合う

後輩に教訓を伝える「しくじり先生」になろう

○ 予測と実際の違いを「目利き」する

　軟弱地盤の盛土工事では、次頁の図のように予測沈下量 s（cm）を計算します。沈下を予測して盛土を行い、所定の高さを確保するからです。

　ただし多くの場合、予測沈下量は工事中に計測する実測沈下量と完全には一致しません。事前情報の柱状図よりも実際の粘土層が厚ければ、沈下量は大きく s1（cm）のようになります。また、過去に盛土されていた場所では、すでに沈下していた過圧密の地盤もあり、この場合は沈下量が小さく s2（cm）のようになります。さらに、柱状図の周囲の土層変化が大きければ、予測と実測が大きく異なる傾向になります。これらの予測と実測の違いの原因を見分けることが「目利き」の一例です。

○ 技術者に求められるものは「目利き」

　私の過去の経験を振り返ると、**予測と実測の違いに悩まされなかった現場からは、技術的にほとんど何も得ていないことに気づきます。**

　そもそも限られた情報をもとに、経済的な設計法や施工法を用いて工事を完了する技術には、軽微な失敗がつきものです。特に、盛土工事では、地盤定数の設定、原地盤の評価、対策工の選定、事後評価など、全体を適切に評価する「目利き」が求められます。この「目利き」を養うために重要なのが、**予測と実測の違いの失敗経験なのです。**

● 先輩の失敗経験が助けてくれることも

　自分の失敗経験だけに頼るのではなく、先輩や同僚と教え合うことも重要です。私が経験した道路工事の中には、掘削後の地盤にすぐ水が溜まってしまう現場がありました。何日も水中ポンプで水を抜いたものの、あえなく失敗。そこで、過去に近くの道路工事を担当した先輩に相談すると、周辺は湧水地帯であり、掘削後には基礎コンクリート打設等の対策が効果的と教えてくれました。先輩の失敗経験に助けられたのです。

■ 予測と実測の違いの「目利き」

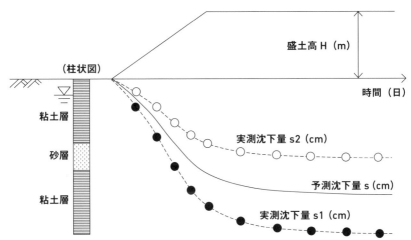

予測と実測の沈下量が一致しない原因の一例

(1) 粘土層厚：柱状図よりも粘土層が厚ければ、沈下量は大きくなる
(2) 過圧密：過去に盛土されたことがある場所であれば、沈下量は小さくなる
(3) 土層変化：柱状図の周囲の土層変化が大きければ、予測と実測が大きく異なる

ONEPOINT ADVICE!

工事の失敗経験だけでなく、測量や設計の失敗経験もシェアしてみるとよいでしょう。先輩や同僚の失敗経験は、いざ自分がその状況になったときの大きなヒントになります。

09 自主研究で「人財育成」を実践する

職場の仲間同士で、共に学び合うための実践

● 職員自主研究グループで経験をシェアする

　技術系公務員は、定年まで人事異動を繰り返しても、技術に関係するすべての部署を経験することは不可能です。だからこそ、自分の経験を自分の糧にするだけではなく、職場でシェアすることが求められます。

　個人個人が貴重な経験で得た「暗黙知」を言語化して「形式知」に変え、さらに「組織知」に高めて職場に還元していくことができたら。こうした想いから、私は職員自主研究グループ「人財育成研究会」の代表を務め、勤務時間外に職員と一緒に活動しています。

● 職場経験を可視化する

　この人財育成研究会では、毎年、次頁の「職場経験シート」を活用して、メンバーの実務ノウハウを可視化し、シェアし合っています。

　このシートでは、上から順に「入職後の職場経験」が可視化されるため、万が一、自分が他部署に異動した際、誰から実務ノウハウを教えてもらえるかを知ることができます。

　次に「心に残っている職場経験の概要」「反省した職場経験の概要」によって、新たな実務ノウハウを毎年知ることができます。特に、失敗して反省した経験を知ることは貴重です。成功した経験を知ることがあっても、失敗した経験はなかなか知る機会がないからです。

● 図書や先輩講師からの学びを共有する

シートの「みんなに読ませたいおすすめの図書」からは、他の職員がどのような書籍から学びを得ているのかを共有することができます。

また、「講演会でお話を聴きたい先輩職員等とその理由」を尋ね、毎年、講師を依頼して講演会を開催しています。近隣の自治体職員との合同開催や大学とのオンライン合同開催をしたこともあります。皆さんも、職場の仲間同士で前向きに人財育成を進めてみませんか。

■ 職場経験シートの記入例

氏名	性別	歳代	所属・係・役職
伊勢崎　明	男	40	土地区画整理課　課長

入職後の職場経験
1．都市政策課都市計画係（3年間）　　2．都市政策課景観係（5年間） 3．企画課企画係（3年間）　　　　　　4．企画課街づくり係（4年間） 5．建設課道路係（2年間）　　　　　　6．土地区画整理課（現在）

心に残っている職場経験の概要（最大3つまで）
（1）道路担当者による定例打合せを開始した （2）道路担当者による「業務マニュアル」を作成した （3）道路構造条例の一部改正を行った

反省した職場経験の概要（最大3つまで）
（1）工事にブランクがあったため、現場感覚を取り戻すまで時間を要した （2）新人から主査まで、部下の能力に応じた指導を行えるようにするべき （3）業務のシステム化、マニュアル化を進め、効率的に成果を上げるべき

みんなに読ませたいおすすめの図書（最大3冊まで）
（1）幸田露伴著『幸福のための努力論』 （2）東京商工会議所編『ビジネスマネジャー検定試験公式テキスト』 （3）リチャード・テンプラー著『上司のルール』

ONEPOINT ADVICE！

職員自主研究グループの良い点は、年齢や役職を超え、ゆるやかに対話したり、助け合ったりできる点。ぜひ、自分の経験を自分だけのものにせず、経験や実務ノウハウを共有してみましょう。

10 リアルとオンラインで「経験」をシェアし、高め合う

遠くまで行きたければ、みんなで協力して進もう

● リアルで経験をシェアする

　「財を遺すは下、仕事を遺すは中、人を遺すを上とする」。これは、かつて関東大震災で壊滅的な被害を受けた首都を甦らせた後藤新平が残した言葉です。

　私たち技術系公務員にも、目の前の仕事に取り組むことに加えて、「人を残すこと」、つまり人財の育成が求められています。

　そこで、私は退職される部長を講師に招く講演会を勤務時間外に開催してきました。経験豊富な部長の退職は、まさに辞書や図書館を失うことと同じだからです。退職される部長に講師を依頼する際は、いつも「お断りされるかも」と覚悟を決めて行きますが、皆さんにご快諾いただき、多くの職員にとって貴重な経験シェアの機会になっています。

● オンラインで経験をシェアする

　経験のシェアができるのは、リアルの場に限りません。全国の公務員で運営する、公務員限定のオンラインプラットフォームである「オンライン市役所」には、1,200を超える自治体や国から、5,000人以上の地方公務員・国家公務員が参加しています（令和5年2月時点）。

　私も、全国の公務員の皆さんと経験をシェアし合いながら、楽しく活動しています。

● リアルとオンラインで経験のシェアを加速する

　経験のシェアを加速するためには、リアルとオンラインを使い分けるのがお勧めです。所属する組織の仲間であればリアル開催が容易ですし、相手の反応がわかりやすいメリットがあります。しかし、全国各地の仲間と行うならオンラインのほうが便利ですし、会場手配や機器準備が不要となり、録画してアーカイブ配信したりできるメリットもあります。ぜひリアルとオンライン、それぞれを活用して経験をシェアしましょう。

■ リアル開催とオンライン開催の比較

	リアル開催	オンライン開催
メリット	・相手の反応がわかりやすい ・大人数での会話がしやすい ・特に必要なツールはない ・身近な仲間なら開催しやすい ・ワークがしやすい ・参加者全員と知り合いやすい	・会場手配、機器準備は不要 ・会場費、キャンセル料は不要 ・人数の増減にも対応しやすい ・感染対策は不要 ・動画や写真を残すことが容易 ・どこでも、耳だけでも参加可能 ・アーカイブを 24 時間視聴可能 ・遠方からの参加でも旅費不要 ・退出しやすい
デメリット	・会場手配、機器準備が必要 ・会場費、キャンセル料が必要 ・人数の増減に対応しにくい ・十分な感染対策が必要 ・遠方からの参加は旅費が必要	・主催者は Zoom 等の費用が必要 ・大人数だと、やや会話しにくい ・ツールを使いこなす必要がある ・電波が悪いと会話がとぎれる ・ワークは慣れていないと難しい ・参加者全員と知り合いにくい

　どちらもメリットやデメリットがあります。上手に使い分けましょう。

ONEPOINT ADVICE!

昨今では、オンラインによる研修や講演会が増えています。今後もさまざまな変化に対応できる技術系公務員を目指して、リアルとオンラインのハイブリッド型で経験をシェアしていきましょう。

「**土**木課」と聞いて皆さんが想像する工事は、道路でしょうか？　あるいは河川でしょうか？　実は、非常に幅広く、しかも地域性によって大きく業務が異なる課が土木課です。そんな土木課を経験すると、できるだけ幅広く何でも経験することが重要だと気づきます。

　例えば、生活道路整備事業では、測量調査・設計、用地・補償契約、工事などの実務があります。大きな組織になると、これらの実務が縦割りで異なる課や係に分担されていることもありますが、できればこれらすべてを経験できれば理想です。一連の実務を経験しておくと、その実務の先を見通したり、トラブルを回避する危険予知ができるようになるからです。

　よく後輩から聞かれる工事の難易度は、必ずしも事業費や事業期間の長さとは一致しません。小さな事業費でも難しい案件はたくさんあり、事業期間が短いからこそ突貫工事となる難しさもあります。「まだ私は事業費の大きい仕事を任せてもらえない」と残念がっている声を聞くこともありますが、そんなことは気にしなくて大丈夫。上司は信頼して仕事を任せていますし、そもそもビッグプロジェクトばかりが技術レベルの高い業務とは限らないのです。与えられた仕事をしっかりと行っていれば、いつかその日は訪れます。

　また土木課では、多様な工事を管理してきた民間経験者から技術を学べる可能性があります。実際に「長年、管理してきたダム工事のことなら何でも聞いてください」という心強い民間出身の後輩を持ちました。「そうか。港湾工事のことなら何でも教えるから」と私も民間時代の得意分野で負けん気を見せていました。「本市にはダムも海もないですけど」との同僚の鋭いツッコミが笑える職場の雰囲気に…。

　技術系公務員にとって、さまざまな工事監理を経験できる土木課は人気の職場です。ぜひ一度は経験することができるよう、自己申告書に異動希望先として記載してみてはいかがでしょうか。

PART

5

「折れない心」をつくる！

技術系公務員の
メンタル術

「なぜ私ばかり！」は
成長のチャンス

不公平と嘆くのではなく、成長の好機と捉えよう

◉ 重要な仕事で出番が回ってくるようになる

　1つの課で3年から5年くらい経験を積むと、誰もが職場の主軸を担うようになります。実務の中心的役割を果たす存在として、大きな期待を背負うことになるのです。多くの場合、このような職員に対しては、より多くの、より難しい実務が要求されます。実務能力が他の職員よりも卓越しているのですから、当然といえば当然なのかもしれません。

　その立場になったら、多くの要求に対して「なぜ私ばかり！」と嘆くのではなく、成長のチャンスと捉えて前向きに取り組みましょう。

◉ どんな仕事でも成果を出せるようになる

　メジャーリーグで活躍する日本人といえば、大谷翔平選手でしょう。投手としても打者としても素晴らしい成績を残し続けています。160km/hを超える剛速球で打者から三振を奪い、年間2ケタ以上のホームランを放つ姿は、世界中の人々を魅了しています。

　技術系公務員も大谷選手から見習うべき点があります。あまりにも仕事内容が違いすぎて、遠い存在に思えてしまうかもしれません。しかし、**見習うべきは、投手と打者のどちらも一生懸命に取り組み、投打で一流を目指していることです。**私たち技術系公務員の目標に置き換えてみれば、「どんな仕事でも成果が出せるようになる」ということでしょう。

● バッターボックスに立つ心構え

　私たちが実務のバッターボックスに立ったら、①直球（所掌事務）から、②変化球（応援・動員）、③剛速球（災害・報道）、④危険球（不当要求）まで、さまざまなボールに対応しなければなりません。

　クリーンヒットだけでなく、ホームラン狙いの強打、犠牲打・進塁打、手出しせず四球を選ぶなど、複数の対応方法が考えられます。こうした対応力は「なぜ私ばかり！」の状況にある人ほど身につきます。

◾ バッターボックスに立ったら成長のチャンス

①直球　　⇒　所掌事務
②変化球　⇒　応援・動員
③剛速球　⇒　災害・報道
④危険球　⇒　不当要求

【成長のチャンス】
・クリーンヒット
・ホームラン狙いの強打
・犠牲打・進塁打
・手出しせず四球

ONEPOINT ADVICE！

課や係を兼務するのも良い経験になります。兼務は忙しくて大変ですが、異なる課や係を同時に経験することで、外から見た自分の課や係のあり方を考える貴重な経験になるでしょう。

「折れない心」をつくる！　技術系公務員のメンタル術

02 「心・技・体」だけでなく「信・疑・耐」を養う

信じること、疑うこと、そして耐えること

◎ 心・技・体を整え、信・疑・耐を心がける

　社会人は、「心・技・体」をバランスよく整えて、自ら成長できるように心がけることが求められます。**これに加えて、技術系公務員の実務で実践したいのが「信・疑・耐」です。信じる一方で疑うことも忘れず、そして耐えるのです。**

　技術系公務員の仕事では、信じることも重要ですが、それだけでは十分とはいえず、むしろ危険です。予測されるさまざまな危険を疑い、あらかじめ準備することが求められます。信じるだけでなく、疑うことにも準備ができれば、どんな結果になっても耐えることができるのです。

◎ 信・疑・耐の重要性の気づき

　私は、4つの市町の構成資産からなる「富岡製糸場と絹産業遺産群」の世界遺産登録を担当していたとき、この「信・疑・耐」の重要性を痛感しました。当時、わが国は「富士山」の世界遺産登録を目指していました。その過程では、ユネスコの諮問機関であるイコモスが、名勝「三保松原」の構成資産除外を勧告したのです。三保松原といえば、数々の富士山の絵画でも知られる富士山との関連性が非常に高い名勝。とても驚くとともに、「本市の構成資産も世界遺産登録から除外勧告されるかもしれない」という疑いを持つようになりました。

● 信・疑・耐の実践で悪戦苦闘を回避する

　迎えた「富岡製糸場と絹産業遺産群」のイコモス勧告当日。私は各種問合せにすぐ回答できるよう、下記の①〜③の3種類の勧告に対する原稿を準備して結果を待ちました。結局、勧告は①でしたが、もし何も疑うことなく信じるだけであれば、②や③の勧告を受けた場合の各種問合せには悪戦苦闘していたでしょう。**信・疑・耐を意識した準備を行ってこそ、プロの技術系公務員といえるのです。**

■　「心・技・体」と「信・疑・耐」

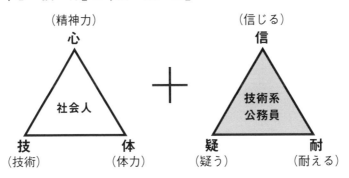

イコモス勧告の当日には、①〜③の問合せ用の原稿を準備して結果を待ちました。

①世界遺産一覧表に **「記載」** が適当
②世界遺産一覧表に **「記載」** が適当だが、本市の構成資産は除外
③世界遺産一覧表に **「不記載」** が適当

> **ONEPOINT ADVICE！**
>
> どんなに万全な準備をしたとしても、「100%成功する」と言い切れる業務はありません。成功することを信じつつ、失敗するかもしれない疑いを常に意識しておくことが重要です。

03 「バックキャスティング」で逆算してアプローチする

限られた時間で、ベストを尽くすための思考法

● 未来から逆算してスケジュールを立てる

　私は、よく部下や後輩から「仕事を早く終わらせようと努力しているのに、いつも締切直前になると残業してしまいます。どうすれば計画的に仕事を進められるのでしょうか？」という相談を受けます。

　この相談に対して、私は、「バックキャスティングで逆算して仕事を進めよう」と助言しています。バックキャスティングとは、**現在から未来を考えるのではなく、未来の「あるべき姿」を定めた上で、未来を起点に解決策を見つける思考法**です。次頁の図のように、右（未来）から左（現在）へ逆算するイメージです。

● 常に余裕を見込む

　例えば、工事発注に向けては、設計書を完成させて支出負担行為を起案することになります。設計書の完成から逆算して考えると、完成前には係長・課長による設計書案のチェック結果を反映しなければなりません。また、この係長・課長によるチェック前に他の係員によるチェックも受けますが、修正・再チェックを受ける必要があるかもしれません。さらにその前段として、係長には係員チェックの担当者を決めてもらう必要があります。私の場合、ここまでの余裕期間を考慮して、約２週間を確保できるよう部下に指導してきました。

◉ バックキャスティングでベストを尽くす

　余裕期間の約2週間は、自分の手を離れた事務がほとんど。しかし、他の係員、係長、課長は、忙しくて設計書のチェックは後回しにされてしまうかもしれません。そんなときでも、自分では急ぐことができないのです。

　余裕期間を確保するために、自分で急ぐことができる設計条件確認・設計書案作成開始から設計書案の作成までを早めに仕上げましょう。

■ 工事の設計書完成・支出負担行為の起案までのイメージ

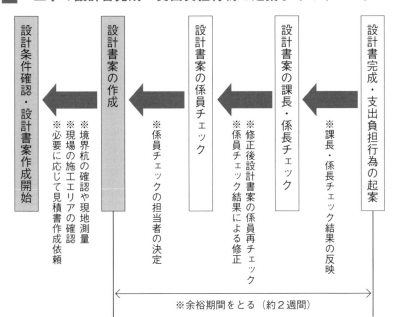

設計書完成・支出負担行為の起案
※課長・係長チェック結果の反映

設計書案の課長・係長チェック
※修正後設計書案の係員再チェック
※係員チェック結果による修正

設計書案の係員チェック
※係員チェックの担当者の決定

設計書案の作成
※境界杭の確認や現地測量
※現場の施工エリアの確認
※必要に応じて見積書作成依頼

設計条件確認・設計書案作成開始

※余裕期間をとる（約2週間）

強い「精神力」を
身につける

04

人生との向き合い方を180度方向転換してみよう

◉ 試練に遭遇したら読み返したい名著『夜と霧』

　私はこれまで20年間、技術系公務員として働いてきましたが、いまだに不慣れな職場に転任すると不安を覚えます。また、慣れている職場であっても、ハードクレームを受けて悩んできたことがあります。

　人生には、ときに回避できない試練に遭遇することがあります。そんなとき、自らを奮い立たせる大きなヒントを教えてくれるのが、ヴィクトール・E・フランクルによる世界的ベストセラー『夜と霧』(みすず書房)です。

◉ 「人生からの問い」に答える

　次頁の図は、『夜と霧』の中で紹介されている考え方を技術系公務員向けにわかりやすくまとめたものです。

　左側は、自分が人生に求める姿勢を示しています。このように、自分が人生に対して「こうだといいな」と期待する姿勢では、予想外の試練に対して「どうしてなの」という絶望が生まれます。

　人生との向き合い方を180度方向転換し、人生に答える姿勢が右側です。予想外の試練を「人生からの問い」と捉えて、「この試練は、私の成長に必要な人生からの問いである」と考えるのです。こうすることで、気持ちが前向きになり、立ち向かう勇気が湧いてきます。

◎ どんな経験も唯一無二

　皆さんが頭を悩ませて、大きな試練と感じることは、前例のない問題や非常に複雑な問題でしょう。そのような唯一無二の経験は、誰もしたことがない上に、相談に乗ってくれる人もいないかもしれません。

　そのようなときでも、この試練が将来、必ず自分のためになる、避けて通れない道だと考えてみることにしましょう。どんな試練に遭遇しても、まずは自分で受け止めて、そして人生からの問いに答えるのです。

◾ 人生との向き合い方を180度方向転換する

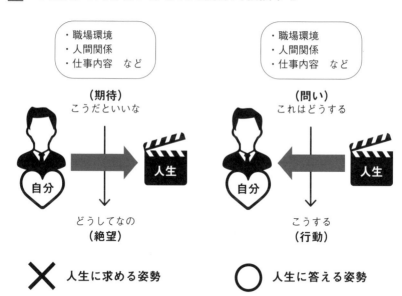

ONEPOINT ADVICE！

過去に前例のない試練も、その試練は自分だけが経験する必然性を持っていたのかもしれません。その人生からの問いに対してベストを尽くし、具体的な行動で答えていきましょう。

05 目に余る問題職員には「組織」を動かす

職務怠慢、ハラスメント等を放置せず、適切に対応するコツ

● 問題行動を野放しにしない

　皆さんの職場には、問題行動を起こしている職員はいませんか。自己主張ばかりで協調性に欠ける職員、離席時間が多く怠慢な職員、勤務態度が悪くたびたび苦情を受ける職員等です。問題行動を起こしている職員自身が、自分の問題行動を認識していない場合もあるかもしれません。

　本人の問題行動そのものが一番大きな問題ですが、**組織がこれに目を背けて適切な対応を図らなければ、問題職員以外の職員がモチベーションを失い、職場環境が悪くなってしまいます。**そこで、問題行動を行っている職員に対しては、組織で適切に対応していくことが重要です。

● 行動するときこそ慎重に

　問題行動があった場合には、上司が注意し、十分に指導を行います。しかし、それでも問題行動をやめない、やめられないようであれば、組織として次の一手を考えなければなりません。まずは係打合せを行い、情報の共有を図りましょう。そして、複数の職員から、問題行動の状況が確認できたら、次頁の「問題行動記録一覧表」を係全員で協力して記録します。係長だけでなく係全員で記録することで、係長の会議、出張、休暇等による記録漏れを防ぐことができます。公務職場の秩序を維持するため、分限処分を視野に入れて慎重に行動を開始するのです。

● 職場を守るために分限処分にも備えよう

　分限処分は、地方公務員法に基づき自治体の条例等で詳細な手続が定められています。どんな組織であっても、分限処分をすることになれば、その処分が適正であるか慎重な審査や判断が必要でしょう。そのためには、まず本人の問題行動をしっかりと記録し、上司や人事担当課にも客観的に説明できる資料を準備しておくことが重要になります。係員で一致団結し、教え合ったり、協力しながら記録するようにしましょう。

■　問題行動記録一覧表で継続的に記録する

記録日	問題行動記録
6月1日	「窓口対応の言葉遣いが不愉快だ」との苦情が3件寄せられた
6月2日	後輩の設計書の計算ミスについて、人前で大声で叱り続けた
6月3日	具体的に記録する
︙	
6月28日	
6月29日	周囲に行き先を伝えずに離席し、喫煙所で喫煙している
6月30日	工事現場の近隣住民からの苦情に対して、迅速に対応しない

ONEPOINT ADVICE !

不利益な処分を受けた職員は、審査請求することができます。問題行動記録一覧表は、処分後にも重要な証拠になるでしょう。作成には根気が必要ですが、組織で協力しながら準備しましょう。

06 問題には「解決」と「解消」から対処する

問題を「処理する」か「消すか」で成功に導くスキル

● 誰でも必ず壁にぶつかります

　問題が発生しやすい仕事の代表例は、交渉でしょう。私の過去の経験でも、問題発生の多くは相手のある仕事でした。特に、庁内調整だけでは解決することができない、用地交渉や補償交渉が挙げられます。そして、知っておきたいのは、問題発生に陥った際の対処方法です。

　例えば、生活道路の拡幅工事に際しては、用地買収・移転補償の契約が必須です。拡幅部分の地権者の中には反対者がいる場合もあり、こうした地権者との交渉に難航することがあります。このような問題が発生した場合、どのように対処したらよいでしょうか。

● 問題には、解決と解消から対処する

問題への対処方法は、「解決」と「解消」の2つがあります。

　まず「解決」は、上手に処理することを意味します。双方が納得して和解することを円満解決といいますが、円満解消とはいいません。

　「解消」は、消えることを意味します。悩みが消えてストレスがなくなることをストレス解消といいますが、ストレス解決とはいいません。

　用地買収の反対者がいる場合は、最初に反対者の用地買収から「解決」を目指しましょう。順番を誤り、最後に反対者の用地買収ができず事業中止となった場合、他の買収済の用地が無駄になってしまうからです。

● 解決できなければ解消を目指す

　ここで注意しなければならないのは、生活道路の事業は中止が困難な場合が多いことです。生活道路の要望書は、行政区の区長が、区（地権者）の総意をもとに提出しているからです。このため、**反対者の用地がどうしても買収できない問題が発生し、事業中止を検討しはじめたら、早めに行政区の区長にも相談してみるとよいでしょう。** 行政区の区長の調整力により、問題そのものが「解消」してしまう場合もあるからです。

◾ 生活道路の拡幅工事の流れ

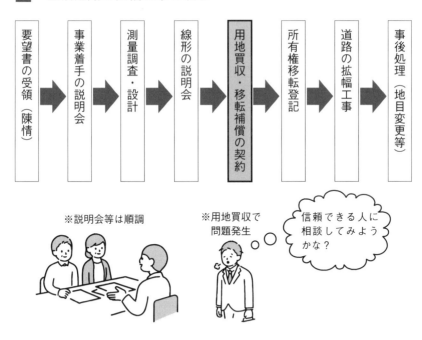

※説明会等は順調

※用地買収で
問題発生

信頼できる人に
相談してみよう
かな？

ONEPOINT ADVICE !

要望書提出時の地権者が亡くなって複数の親族が土地を相続していたり、別の人に所有権が移転していることがあります。こうした場合、反対者が多くなるため特に注意が必要です。

07 5月は「かつての同僚」に会いに行く

部下や後輩に活気を与えるわずかな工夫

● 5月に会いに来てくれる元上司

　かつて、私には5月になると会いに来てくれる元上司がいました。私が人事異動で別の部署に転出してからも、もののついでに立ち寄った感じで、顔を出してくれるのです。「最近どう?」というあいさつの後、それとなく仕事や悩みの相談に乗り、さっと立ち去っていきます。

　「あの人は、どうして私が悩んでいるタイミングに毎回現れるのだろうか」。そんなことを考えていると、あるとき、いつも5月に来てくれていることがわかりました。元上司が、意識してそうしていたのかどうかはわかりませんが、**多くの人が悩みがちになる5月に、決まって私に会いに来てくれていたのです。**

● メンタル不調になりそうな職員への声かけに注意する

　元上司の声かけには、重要なポイントがありました。決して「頑張れ」とは言わなかったのです。予想外だった人事異動の直後には、「君にとって良い経験だ」「将来のプラスになる」「時間をかけて取り組め」という言葉はありましたが、「頑張れ」とは言いませんでした。

　その後、私は管理職になり、メンタルヘルス研修を受講してその理由がわかりました。過度にストレスを感じ、メンタル不調になりそうな職員に対して「頑張れ」を言い過ぎると、逆に良くない結果になるのです。

● かつての同僚に会いに行く

　精神的に不安定になる5月には、できるだけかつての同僚に会いに行ってみましょう。そして、お互いに元気にやっているか確認し合うことをお勧めします。お互いによく知る仲であれば、顔色が悪い、雰囲気が異なる、病気の前兆などにも気づきやすいのです。

　そして、万が一、うつ病等が疑われる場合には、医療機関の受診を助言してあげることも意識しましょう。

■ 早めに医療機関を受診しよう

> ONEPOINT ADVICE!
>
> 5月に不調となる「5月病」という病気があります。ストレスや悩みを抱える部下や後輩が増えるこの時期に、さりげなく寄り添ってあげることを実践してみましょう。

08 相談し、励まし合える 「同期」を大切にする

悩みを分かち合える貴重な戦友を大切に

● いつかは上司・部下の関係になることも

　皆さんと一緒に入職した同期は何人いましたか？　また、その中に、頼りにできる、いつでも心を打ち明けて相談できる人はいますか？

　私は、中途採用で30歳過ぎに入職してから20年が経ちます。特に友人が多いわけでもない私が心がけてきたのは、同期のつながりを大切にするということでした。新規採用職員の当時から、同期とほぼ毎年、飲み会を開催したり、旅行に行ったりしてきました。

　公務員の職場では、人事異動がつきものです。**同期も、将来の人事異動によって同じ部署で机を並べることになったり、上司・部下の関係になったりする可能性があります。その際には、お互いに教え合い、支え合う、貴重なパートナーになるでしょう。**

● いつでも相談できる関係を保つ

　同期の中には、残業の多さに苦しんだり、パワハラに悩んだり、育休後スムーズに職場復帰できなかったりするなど、仕事上の悩みを抱える人もいるでしょう。さらには、病気になったり、メンタル不調になったり、子育てや介護で個人的な不安を抱えたりすることもあるでしょう。

　そんなとき、お互いに励まし合えるのが同期です。何年経っても、いつでも気軽に相談できる関係を構築しておくことをお勧めします。

● 相談に回答する際のちょっとした励まし

　さまざまな部署で活躍している同期から相談を受けた際には、回答に添えて、励まし合えるとよいでしょう。誰でも、ちょっとした一言をもらえると、ほっとすることがあります。

　「新規事業の立上げ、頑張ってるね」「災害が多くて大変だけど頑張って」「先日の動員ではお疲れ様でしたね」などの「何気ない励まし合い」が同期のつながりを太く、たくましいものにします。

■ 心強い同期のつながりは、長い間ずっと続く

新規採用職員（20年前の同期）

ベテラン職員（現在の同期）

> 貴重な同期のつながりを大切にしましょう！

ONEPOINT ADVICE！

　昨今では、中途採用の職員が増え、新規採用職員の年齢にも差がみられます。年齢差があることで、幅広い年齢層の考え方を理解することもできます。同期の年齢差は気にせず仲良くしましょう。

09 「メンタル不調」を
セルフケアで防ぐ

ぜひ意識したい趣味の意外な効果「セルフケア」

● セルフケアとは

セルフケアとは、自分自身で行うことのできるケアのことをいいます。働く人が、自らのストレスに気づき、予防対処することが重要です。

厚生労働省による、働く人のメンタルヘルス・ポータルサイト「こころの耳」には、「15分でわかるセルフケア」という動画が公開されています。ちょっとしたスキマ時間があれば視聴することができる動画なので、ぜひ一度、視聴してみることをお勧めします。

その中では、ストレスを感じた際のセルフケアの具体的な方法として、次頁に示す方法が紹介されています。ぜひ、これらのセルフケアを実践してみましょう。

● 趣味を通して複数のセルフケアを実践する

セルフケアの方法を知っておくと、ストレス反応を自覚した際に早めの対処ができるようになります。そして、自分に合った方法でセルフケアを実践できるようになります。

私もストレスを感じた際には積極的にセルフケアを取り入れていますが、特に**「7. 仕事から離れた趣味を持つ」**ことの効果が大きいように感じています。仕事中とは異なり、友人と趣味の時間を過ごせば、5や6のセルフケアも無意識に実践できるでしょう。

◉ セルフケアを積極的に心がける

　趣味は、セルフケアのために意識して行うものではなく、自分の好みで自然に行う行動です。

　その一方で、**意識しておきたいのが1から4まで**です。ストレス反応を感じたら、体の緊張をほぐしたり、柔軟や軽い運動をして、ぐっすり寝るようにしましょう。これらの行動は、簡単なようで意識していないとなかなかできません。

■ セルフケアの一例

1. リラクゼーション
2. ストレッチ
3. 適度な運動

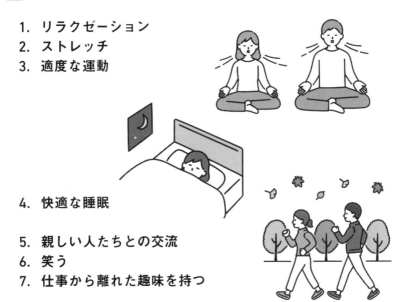

4. 快適な睡眠

5. 親しい人たちとの交流
6. 笑う
7. 仕事から離れた趣味を持つ

出典：厚生労働省資料をもとに作成

ONEPOINT ADVICE！

私は、ジョギングやまち歩きを趣味としています。スポーツを趣味にすることは、健康維持だけでなく、セルフケアの効果も高いのでお勧めです。

「ラインケア」で部下の メンタル不調に対処する

10

小さな変化・違和感を見逃さないために

● ラインケアとは

ラインケアとは、管理監督者が行う部下に対するメンタルケアのこと をいいます。 管理監督者には、日頃から職場環境の把握と改善、部下の 相談対応を行うことが求められます。たくさんの部下の日々の様子を把 握しなければなりませんが、**とりわけ「いつもと違う」ことに気づき、早 めの行動をとることが重要です。**

具体的には、次頁に示した「勤怠」「仕事」「行動」の3つの着眼点から 違いを感じとりましょう。これにより、部下との相談、職場環境の改善、 組織的な対応、部下の職場復帰支援等に備えるのです。

● 部下のメンタル不調が疑われたら

3つの着眼点から、具体的に1から10までの行動を見つけたら、で きるだけ早めに部下と面談しましょう。この際、特に気をつけたいのが、 面談は執務室ではなく別室で行い、傾聴に努めることです。傾聴する際 には、批判的にならず、相手のことを受け止めて、相手の立場に立って、 じっくりと聴くことが重要です。部下にとって、話しにくい内容（健康 や家庭事情に関することなど）も安心して話せるような配慮が必要にな ります。そして、部下には「管理監督者には安心して相談することがで きる」と感じてもらうことが非常に重要です。

● ラインケアで組織的な対応を

　管理監督者は、部下から聞いた話をもとに、必要に応じて職場環境の改善や組織的な対応(応援や動員)を図ります。しかし、注意したいのは、すべて管理監督者の手で解決できるとは思わないことです。管理監督者もメンタル不調になることがあります。自分の手に負えない内容まで1人で抱え込むのではなく、人事労務担当、保健師、産業医等に相談する「事業場内産業保健スタッフ等によるケア」も視野に入れましょう。

■ いつもと違う部下に気づくための3つの着眼点

勤怠

1. 遅刻、早退、欠勤が増える
2. 残業、休日出勤が不釣合いに増える
3. 休みの連絡がない（無断欠勤）

仕事

4. 仕事の能率が悪くなる
5. 業務の結果がなかなかでてこない
6. 報告や相談、職場での会話がなくなる

行動

7. 表情に活気がなく、動作に元気がない
8. 不自然な言動が目立つ
9. ミスや事故が目立つ
10. 服装が乱れたり、衣服が不潔になる

出典：厚生労働省資料をもとに作成

ONEPOINT ADVICE！

管理監督者は、役職が上がり、部下が多くなるほど1人ひとりの様子を把握しにくくなります。このため普段からラインケアを意識しておきましょう。

11 「ハードクレーム対応」の 5つのポイント

不当要求を断ち切るための基礎・基本

⬤ いつでも対応できる準備が大切

ハードクレームへの対応は、通常のOJTで経験するとは限りません。また身近にいる職員からその経験を学べる環境にない場合もあります。

そこで、次頁に示すハードクレーム対応の5つのポイントを覚えておき、万が一、ハードクレームを受けることになった事態に備えておきましょう。これら5つのポイントで対応しても苦慮する案件の場合には、上司に相談した上で、次節で後述する顧問弁護士相談をお勧めします。

⬤ ハードクレーム対応の5つのポイント

まずは、「職場で一丸となって対応する」という鉄則を職場で共有することが重要です。誰か1人だけが悩みを抱えないようにしましょう。そして、暴力的な行動に及ぶような危険人物の可能性がある場合は、警察の協力を根回ししておきます。警察に相談すると、すでに何らかの情報を把握している可能性もあります。

個人の対応としては、電話や窓口対応の際、ICレコーダーで録音することをお勧めします。対応中にメモをとると、「集中して話を聞け」と言われてしまうことがあるからです。職場内では、窓口に進入防護柵を設置して、強硬的な進入を防ぎ、安全性を高めることも重要です。そして、様式を定めて職場研修し、対応を記録に残しておきましょう。

● 職場や職員を守るためには

　ハードクレーマーは、一度、隙を見せたら同じことを繰り返すばかりか、エスカレートしてさらなる要求を突きつけてきます。このため、**万が一、皆さんがハードクレームを受けるようになってしまったとしても、職場や職員を守ることを含めて、責任のある行動をとらなければなりません**。5つのポイントを踏まえ、職場で一丸となって不当な要求を断ち切りましょう。

■ ハードクレーム対応の5つのポイント

1. 職場で一丸となって対応する
2. 警察の協力を根回ししておく
3. ＩＣレコーダーで録音する（電話、窓口）
4. 窓口に進入防護柵を設置する
5. 様式を定めて職場研修し、記録に残す

携帯型ＩＣレコーダーの例

ONEPOINT ADVICE！

身近にハードクレーム対応の経験者がいたら、ぜひ教えを請いましょう。書籍では、横山雅文著『事例でわかる　自治体のための組織で取り組むハードクレーム対応』（第一法現）がお勧めです。

12 「顧問弁護士相談」の 5つのルール

決して1人で抱え込まず、頼るべきはプロに頼る

● 周りを巻き込み、早めの対応を

　法的な問題解決を図る上で専門家の助言を要する場合、また公務に支障をきたす可能性が高いハードクレームに遭遇した場合は、1人で悩みを抱え込んではいけません。まず、早めに上司や法規担当課に相談して、顧問弁護士に相談するようにしましょう。

　また、問題解決のために弁護士業務を委託する場合には、法規担当課と連携しつつ、緊急の場合には予備費を使うことや、万が一に備えて弁護士委託料を当初予算計上することも視野に入れましょう。

● 顧問弁護士相談の5つのポイント

　まずは、「いざというときには顧問弁護士相談する意向を持っている」ことを職場で共有することが重要です。必ず法令遵守で対応することをあらためて共有しておきます。そして、万が一に備えて、暴力団排除条例の所管課とも連携し、必要に応じて情報共有しておくとよいでしょう。

　個人の対応としては、前頁で紹介した弁護士による良書からコツを学んでおきましょう。相談を受ける弁護士側の視点を知ることもできます。また、次頁に記した【補足】のように、法律（民法等）の要所を理解しておくことも重要です。そして、弁護士に委託する場合に備えて、法規担当課にも前例等を確認しておきましょう。

◉ 想定外の事態が起こる心づもりをしておく

　私たちの実務では、危険を予知しながら、常に複数の代替案を準備して予算執行することも重要です。特に交渉や工事監理を担当する職員には、交渉がまとまらずに別件の用地交渉や補償交渉をしなければ予算執行に支障が生じてしまう場合や、計画通りに工事が進捗しなくなってしまう場合等が考えられます。こうした想定外をできるだけ想定しつつ、しっかりと業務の進捗管理を行うことが求められます。

■ 顧問弁護士相談の5つのポイント

> 1. 顧問弁護士相談の意向を共有する
> 2. 暴力団排除条例の所管課と連携する
> 3. 弁護士による良書からコツを学ぶ
> 4. 法律（民法等）の要所を理解する
> 5. その後の対応を弁護士に委託する

【補足】ぜひ法律（民法等）を学んでおきましょう！

危険を予知し、各種の通信教育や勉強会等を通して、自ら法律を学んでおくことも重要です。いざというときには、顧問弁護士に相談することになりますが、何でも無限に相談できるわけではありません。このため、法律（民法等）の基本を学び、法的な問題点や争いになるポイントを見つけられるようにしておくことがカギになります。

ONEPOINT ADVICE！

法律（民法等）の基本についてもう少し学んでみたい人には、法律系の資格のテキストを学習してみることをお勧めします。法律の基本を学び、法令遵守の土台をつくりましょう。

技術系公務員のお仕事ガイド.5

［ 区画整理課 ］

区画整理課は、土地区画整理事業の所管課です。区画整理課を経験した人の多くが「土地区画整理事業は奥が深い」といいます。私もまったく同感ですし、数年間はじっくりと経験したい課の1つです。

着任当初は、仮換地、保留地、76条…といった専門用語の数々に驚くばかりで、専門用語の意味を理解することで精一杯になりがちです。土地区画整理事業は、まず事業全体の仕組みや流れを理解するとよいでしょう。私の経験では、よく自宅で宅地建物取引士受験対策のYouTube動画を視聴していました。近年のYouTube動画は内容の完成度が高く、数も多く、宅地建物取引士受験対策での土地区画整理事業の解説も例外ではありませんでした。目と耳を使った学習は効果的ですし、事業の流れや専門用語がスイスイ頭に入ってくるのでお勧めです。

土地区画整理事業の大きな特徴としては、事業期間が長いということです。例えば、生活道路整備事業は事業着手から数年間で完了することが多いですが、土地区画整理事業は完了まで数十年を要する事業も多いのです。ぜひ心がけたいのは、常に引継ぎを意識して仕事に取り組むこと。区画整理課に配属されたとしても、終盤の換地処分まで経験できる可能性は極めて低いことが一般的でしょう。このため、交渉記録や後任に伝える内容については、しっかりデータ等に残して引き継げるようにしておければベストです。

悩んだときには、『改訂版　区画整理の質問300に答える』（一般社団法人全日本土地区画整理士会）、『土地区画整理事業実務問答集　第4版』（公益社団法人 街づくり区画整理協会）が心強い味方になってくれます。2冊揃えて、いつでも疑問を解決できるようにしておくことをお勧めします。もしこれらの書籍等でも疑問が解決しない場合は、公益社団法人 街づくり区画整理協会のウェブサイトの「相談室」に相談してみましょう。きっと疑問を解決することができると思います。

PART

6

「VUCA時代」を生き抜く！

技術系公務員の
キャリアデザイン

01 VUCA時代に求められる 「技術系公務員像」

将来が不確実な時代、新たな変化に対応するために

● 不確実な時代

VUCA な時代というキーワードを耳にするようになりました。VUCA とは、Volatility（変動性）、Uncertainty（不確実性）、Complexity（複雑性）、Ambiguity（曖昧性）の頭文字を合わせた造語です。

将来が不確実な時代では、自らが課題を見極めて発見し、解決していくことが大切です。技術系公務員も、前例踏襲だけでなく、新たな変化に対応できる人財を目指す必要があるのです。

● 技術系公務員としての手腕を発揮する

技術系公務員には、官の立場で実務経験を積みつつ、産・官・学・民の広範な立場を理解した上で、応用力を発揮することが求められます。

産の視点からは、従来の施工方法を見直したり、VE を意識したりすることによって、工費や工期を削減し、付加価値を向上できるでしょう。

学の視点からは、各種の委員会等において大学教授ほか学識経験者から助言をいただくことで、より良い計画を策定することもあるでしょう。

民の視点からは、住民ニーズを的確に見極めれば、より付加価値の高い、住民満足度の向上につながる社会資本を整備できるはずです。

このように、発注者である技術系公務員は、産・官・学・民の総合的な視点を発揮する手腕の見せどころの第一線にいるのです。

● VUCA時代に求められるもの

　産・官・学・民の視点は、一朝一夕ではなく、長年の実務経験の中で身につくものです。また、官以外の立場を理解するためには、実務よりもむしろプライベートでの活動が有効なこともあるでしょう。

　技術系公務員としてVUCA時代の仕事を進めていくためには、限りある貴重なプライベートの時間の使い方も見直してみましょう。最後となるPART6では、このことを意識しながら読み進めてみてください。

■ VUCA時代に求められる総合的な視点

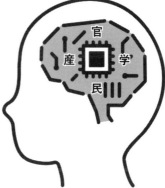

V：Volatility（変動性）
U：Uncertainty（不確実性）
C：Complexity（複雑性）
A：Ambiguity（曖昧性）

産・官・学・民の視点から新たな変化にも対応する。

> **ONEPOINT ADVICE！**
>
> VUCA時代には、技術系公務員の1人ひとりが豊かな人生経験を積み、その視点を実務に反映することが重要です。本章では、産・官・学・民の視点から対応する考え方を整理します。

02 「産・官・学・民」の視点を使い分ける

複数の視点を行き来することで、本質が見えてくる

● 技術系公務員が習得できる幅広い視点

　技術系公務員は、「産・官・学・民」の幅広い視点を持てるチャンスに恵まれています。各種の審議会等の運営に携わることで、建築士など産業界の方（産）、国や都道府県の職員（官）、大学教授等の学識経験者（学）、市民団体代表など（民）、それぞれ産・官・学・民を代表する人たちと連携した実務を経験することができます。

　技術系公務員は、各分野の人たちの考え方を理解することで、自分自身でもさまざまな視点から物事を捉え、ベストな選択をある程度考えられるようになります。各分野の視点を学び、使い分けましょう。

● 「産・官」の視点を使い分ける

　まず、産の視点は「経済性」が主な強みです。提案力が期待できますので、設計や施工に係る提案の機会を意識しておくとよいでしょう。また、技術開発力が期待できますので、DX（デジタルトランスフォーメーション）やMaaS（モビリティ・アズ・ア・サービス）の取組みなどでの連携を考えておきましょう。

　官の視点は「公共性」が主な強みです。公権力では、直接施行や代執行による強制的な手法が可能です。共創力では、道路や公園などの公共空間を活用した官民連携事業などが全国各地で行われています。

⊙ 「学・民」の視点を使い分ける

　学の視点は「学術性」が主な強みです。ボーダーレスな応用力で、施設再編や統廃合を提案できる先端的な視点があります。分析力では、ビッグデータを含めた統計データ分析などの期待が寄せられています。

　民の視点は「地域性」が主な強みです。要望力としては、地域を熟知した視点からの要望や陳情ができます。協働力としては、地域の住民や事業者を巻き込んだイベント開催などで大きな力が期待できます。

■ 産・官・学・民の視点を使い分ける（例）

視点 （主な強み）	ハード面	ソフト面
産 （経済性）	**提案力** （プロポーザル方式、VE）	**技術開発力** （DX、MaaS）
官 （公共性）	**公権力** （直接施行、代執行）	**共創力** （公共空間活用）
学 （学術性）	**応用力** （施設再編、統廃合）	**分析力** （統計データ分析）
民 （地域性）	**要望力** （要望、陳情）	**協働力** （イベント開催）

> **ONEPOINT ADVICE！**
>
> 管理職になると、自分だけで判断しなければならない場面が増えます。産・官・学・民の視点を理解することは、広い視野を持って適切な判断を行うために必ず役立ちます。

03 研修・派遣に手を挙げて 「知識・経験・人脈」を得る

研修・派遣の刺激で、技術系公務員の成長は加速する

◉ 研修には積極的に参加しよう

各自治体では、さまざまな研修制度が用意されています。

地方公務員法39条1項は、「職員には、その勤務能率の発揮及び増進のために、研修を受ける機会が与えられなければならない。」と定めており、**自治体によって差があるものの、何らかの方法で研修を受けることができます。**それらの中でも、私が研修の受講を強くお勧めしたいものをいくつか紹介しましょう。

◉ 素晴らしい職場外での研修

受講をお勧めしたい研修機関としては、まず**①国土交通大学校**を挙げることができます。国土交通大学校の研修が素晴らしいのは、国、都道府県、市町村の職員が一緒に参加しているということです。講義だけでなく、グループワーク等を通して、国、都道府県、市町村それぞれの立場の職員が、ある課題に対してどのように考えるのか、普段は得ることができない大きな気づきがあります。

②市町村アカデミーも、全国の市町村職員と知り合える貴重な機会であり、研修後に思わぬ仕事の相談を受けることもあります。これらの研修の大きなメリットとしては、一緒に参加していた人たちとの人脈が継続することにより、さまざまな情報交換が可能になることです。

● 国や都道府県への派遣

　自治体によっては、③**国・都道府県への派遣**が実施されていることがあります。もし機会があれば、積極的に申し出ることをお勧めします。

　私は、群馬県県土整備部都市計画課に1年間ほど派遣されていたことがあり、そのときにお世話になった県や他市町村の人たちとの交流が継続しています。顔見知りの関係が築けることは、その後の仕事を進めやすくなることにもつながりますので、ぜひ活用を検討してみてください。

■ 研修・派遣で「知識・経験・人脈」を得る

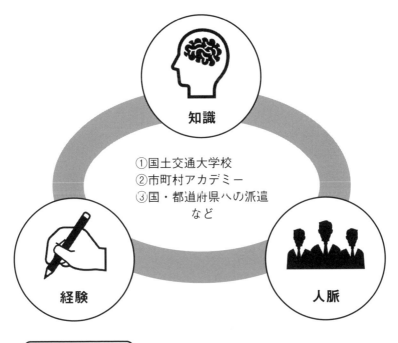

知識

①国土交通大学校
②市町村アカデミー
③国・都道府県への派遣
　　　など

経験

人脈

ONEPOINT ADVICE!

職場外の研修に参加したら、ぜひ多くの人と交流しましょう。研修時には同じ仕事をしていなくても、研修後の人事異動で同じ仕事を担当することもあります。常に人脈を大切にしましょう。

04 「目的・目標・行程」 を描く

人生のどんな場面でも応用できる成功の秘訣

● 目的、目標の順に計画を立てる

　目的とは、文字通り目指すべき的のことであり、実現しようとして目指すゴールです。これに対して、**目標は文字通り目的実現への道標のこと**であり、進む方向によって水準が異なることがあります。

　例えば、次頁の図を見てください。この山の頂上には1つの目的があります。まずはこの目的をしっかりと計画しましょう。次に、この頂上を目指すコースは左右のどちらがよいか慎重に計画しましょう。両コースとも途中の小さな山の頂上を目標に設定した場合、左コースと右コースの目標水準(登る高さ)が異なってしまうからです。

● 目標を設定し、行程を計画する

　目標は目的とは異なり、1つではなく複数を設定することも可能です。その際の重要なポイントは、目標の設定に合わせて行程(スケジュール、ロードマップ)を計画すること。例えば、目標をさらに細かく分けて、年間の目標、四半期の目標、月間の目標等を設定することもできます。そして、その目標を達成するために、行程を計画するのです。

　目的、目標、行程の順で計画すれば、予想外の修正が生じた場合でも、目標や行程を見直しながら着実に目的の実現を目指すことができます。

● 常に目的・目標・行程を意識して行動する

　目的・目標・行程を明確にすることができたら、常にこれらを意識しながら生活するようにしましょう。1日は24時間と決まっています。目的・目標・行程を意識して生活していれば、時間を大切にすることができますし、無駄な時間に削られることも少なくなります。

　この目的・目標・行程を具体的に可視化して、自分自身のキャリアデザイン等に活用する方法については、164〜167頁で詳しく解説します。

■ 目的・目標・行程のイメージ

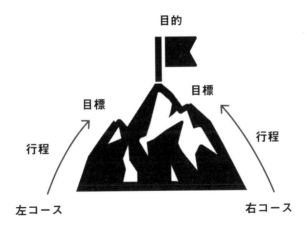

目的
目標
目標
行程
行程
左コース
右コース

> 左右のコースどちらを選ぶか、目標の水準をどの程度に設定するかによって、その行程も変わります。そして、その目標や行程は、必要に応じて見直す必要が生じることもあります。

ONEPOINT ADVICE！

目的という頂上が高ければ高いほど、実現には困難が伴います。しかし、千里の道も一歩から。困難の先には、きっと素晴らしい景色が待っています。一歩一歩、着実に頂上を目指しましょう。

05 相談できる「先生」を最低3人見つける

タイプの異なる3人の「師」から学ぶ

● 先生を見つけるコツ

　皆さんには、仕事のことを相談できる「先生」と呼べる存在はいますか?　もし、たくさんの先生を挙げることができるとしたら、とても恵まれているといえます。なぜなら、豊かな公務員生活や人生を過ごすためには、より多くの先生を持つことが大切だからです。

　どんな分野でも、先生を見つけるコツは、ズバリ「その人の良いところ」に目を向けること。人間は、完璧な人などいません。しかし、必ず良いところがあるものです。そこに目を向けることで、先生を見つけることができます。

● 最低3人の先生を味方にするイメージ

　皆さんが技術系公務員として業務を進める上では、できれば最低3人の先生を見つけられるとよいでしょう。例えば、何か悩みを抱えた際に相談できるような信頼関係を築ける相手を見つけておくのです。

　なぜ「先生」という表現を用いているかというと、必ずしも上司や先輩でなくてもよいからです。**①技術力、②過去の経緯、③大局的な判断のそれぞれに関する信頼できる先生を見つけ、そして味方になってもらいましょう。何か悩みを抱えた際に相談したり、「この人ならこう考えるに違いない」と判断する際の目安にするのです。**

◉ 3人の先生の特徴を知る

①技術力で信頼を寄せる職員は、特定分野に精通し、技術基準等にも詳しい職員が該当します。経験年数が長い職員の場合が多いでしょう。

②過去の経緯をよく理解している職員は、事業開始の状況や交渉経緯等に詳しい職員が該当します。長期の事業ではキーマンとなる先生です。

③大局的な判断に長けている職員は、①や②の先生とは別の能力でも判断力に優れる職員が該当します。所属長や上司の場合が多いでしょう。

◾ 3人の先生を味方にするイメージ

①技術力　③大局的な判断　②過去の経緯

3人の先生を味方に！
①技術力で信頼を寄せている職員
②過去の経緯をよく理解している職員
③大局的な判断に長けている職員

ONEPOINT ADVICE!

最低3人の先生を見つけたら、実務の味方になってもらうだけではなく、自分の成長の目標にしてみてください。目標に向かって努力すれば、いつかの日か先生を越える日がくるかもしれません。

06 毎年提出する「自己申告書」を徹底活用する

自分の素直な気持ちを伝える貴重な機会

◉ 不満を語る職員ほど自己申告書を提出していない

　部下や後輩と話していると、「なかなか思い通りの部署に異動できない」「早く何とかして新しい課を経験したい」「まだ行きたい課に異動できていない」といった不満の言葉を聞くことがあります。

　こうした職員に、毎年、年末頃に職員課から通知される自己申告書を提出しているかどうか尋ねると、多くの職員が「提出したことはない」と答えていました。人事や職場の不満を語る職員の多くが、実は非常に重要な自己申告書の作成や提出をしていなかったのです。1年に1回だけ、正式に職員課へ本心を打ち明けることができる貴重な機会をみすみす逃している人も少なくないでしょう。

◉ 伝えたい内容を隠さずに伝える

　自己申告書には、異動希望だけでなく、将来のキャリア、係や組織に対する提案などを幅広く書いてもよいでしょう。自己申告書の様式は自治体によって若干の差があり、記載項目に沿った記載例も示されているかもしれません。しかし、記載例に沿った内容だけを書かなければならないと自分自身を殻に閉じ込めないようにしましょう。なぜなら、**本人の希望や気持ちは、伝えないかぎり伝わらないからです。**自分が思っていることは、しっかりと文章で伝えましょう。

● 叶わなくてもあきらめない

「来年度まではこの課に残って組織貢献したい」と思うこともあるでしょう。私も、その経験がありました。

その場合は、自己申告書を提出しないのではなく、その旨を書いて、数年後の異動希望を書いてみましょう。また、自分自身のことではなく、職場改善につながる提案を書くこともよいでしょう。貴重な機会をしっかりと活用するのです。

■ 自己申告書を徹底活用しよう

事例	こう考えていませんか？	こう考えてみましょう！
1	提出するのは面倒だし、時間の無駄だろう。	1年に1回だけ、正式に職員課へ本心を打ち明ける機会だから、毎年提出してみよう。
2	どうせ提出しても希望は叶わないだろうから、提出はまたの機会にしよう。	本人の希望は、伝えないかぎり伝わらない。どんな希望でも提出することに意義がある。
3	来年はこの課に残留したい。異動希望がないから、提出するのはやめよう。	残留したい、異動希望がなくても、その旨を伝えるために提出しよう。
4	来年ではなく、2～3年後に異動したい課があるが、まだ先だから提出するのはやめよう。	来年の異動希望はなく、2～3年後に○○課へ異動したい旨を提出しよう。
5	係や組織に対する提案があるが、自分自身のことではないから書かないでおこう。	係や組織に対する提案でも、職場改善に繋がるかもしれないから提案してみよう。

> **ONEPOINT ADVICE！**
>
> 宝くじを当てるには、まず買うことから。同じように、自己申告書も、まず書くことから。ぜひ有効に活用して、異動によるスキルアップ、キャリア形成、職場改善等に取り組んでみましょう。

07 「人事評価」の面談で効果的に対話する

2つの評価を意識して効果的な面談に臨む

● 人事評価の方法を理解する

　人事評価とは、地方公務員法6条1項により「任用、給与、分限その他の人事管理の基礎とするために、職員がその職務を遂行するに当たり発揮した能力及び挙げた業績を把握した上で行われる勤務成績の評価」とされています。つまり、**人事評価は能力を評価する「能力評価」と業績を評価する「業績評価」の両面から行われることになります。**

　「能力評価」の評価項目は、職に応じて定められていることが多いので、求められる能力をよく理解しておきましょう。また、「業績評価」の目標は、期首面談を通して項目、達成水準、期限などを定めますので、こちらも意識して業務を行いましょう。

● 人事評価は「能力」と「業績」で評価する

　能力評価は1年間の評価期間で評価するため年1回、業績評価は半年間の評価期間で評価するため年2回ほど実施されることが一般的です。

　能力評価は、能力、意欲、職務行動等が評価されることになります。どんなに能力や意欲が高い職員でも、具体的な職務行動がなければ評価は望めません。また、業績評価は、やり遂げた仕事や業績等が評価されます。**能力評価は業務の過程、業績評価は業績の結果が評価されるという人事評価の要点を踏まえて、面談での効果的な対話に臨みましょう。**

⦿ 人事評価の面談で効果的に対話する

　下図には、人事評価の面談での対話の具体例を挙げました。

　能力評価は、評価期間に努力して職務行動につなげた内容を伝え、業績評価は、目標に対する具体的な達成状況を伝えると効果的でしょう。

　また、評価者と2人きりで話せる面談では、これら以外にも伝えるべきことは伝えましょう。業務改善や異動希望の考えを伝え、今後の自分のキャリア形成等についての相談をしてもよいでしょう。

■ 人事評価面談における対話の具体例

評価	対話の具体例
能力	・通信教育「PowerPoint講座」を学び、説明会のためのスライド作成に活かし、効果的なプレゼンもできました。 ・政策法務研修に参加して条例制定を学び、景観条例の素案を作成し、法規担当と協議することができました。
業績	・市道工事の監督職員を初めて経験し、市道2路線の工事を完成させて、目標を達成することができました。 ・先進事例を調査研究しつつ、本市では初となる立地適正化計画を策定・公表し、目標を達成しました。

※相談の具体例
・来年度から開始する新しい窓口事務を見据えて、日常業務や執務室の改善を考えています。
・来年度から新設される課へ異動して、DXを活用したまちづくりの業務に挑戦してみたいと考えています。

(ONEPOINT ADVICE!)

人事評価や面談等をより深く理解したい人には、鳥羽稔著『自治体の人事担当になったら読む本』、岡田淳志著『公務員が人事異動に悩んだら読む本』（ともに学陽書房）がおすすめです。

08 自分の「専門」「技術」以外にも視野を広げる

幅広い視野を持った技術系公務員への道筋

◉ 人事異動も前向きに捉える

　技術系公務員は、担当の仕事を理解し、少しずつ手応えを感じながら、ようやく大きなやりがいと充実感を感じる頃に、人事異動で転出することがよくあります。2、3年という短い期間で他部署に異動することもありますが、決してモチベーションを失わないようにしましょう。

　皆さんがその職場で得た知識や経験は、極めて貴重です。土木や建築の仕事を理解するためには、一定の期間が必要であり、はじめの一歩の努力や時間がとても重要なのです。皆さんがその職場で培った知識や経験を活かして他部署で活躍したり、あるいは再び戻ってきて活躍したりする場合の助走期間かもしれないことを意識するとよいでしょう。

◉ 広い範囲の関係法令を理解する

　土木や建築の実務は、広範に及ぶ関係法令に基づいて行われます。このため、異動後に他部署の仕事を覚えて知識や経験に厚みを増してから、再び経験したことのある部署に戻る人も少なくありません。いわゆる出戻り職員ですが、組織にとっても心強い戦力になります。

　もしも得意分野の部署を離れる場合でも、自分自身の将来のキャリアデザインの中では、再び戻ってくる可能性があることを念頭に置いて、1つでも多くの新たな学びを得ることをお勧めします。

● 全国の取組みにも目を向ける

　技術系公務員の実務は、多様な人々と協働しながら、地域の価値を向上することができる大きな魅力にあふれています。そして、その地域の価値は、全国の他の地域にも波及し、後世にも引き継がれていきます。

　全国の技術系公務員の努力と成果が、他の自治体の技術系公務員の新たな励みにもなるのです。そのように考えながら、**自分の視野を常に広げて、全国の取組みにも目を向けながら実務に取り組みましょう。**

■ 都市計画法の関係法令

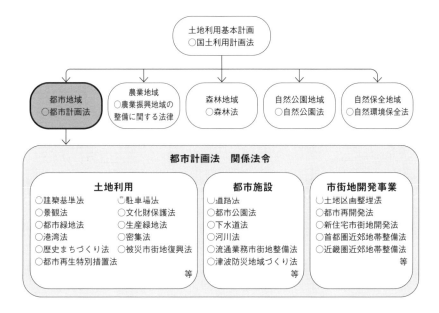

> ◯ ONEPOINT ADVICE !
>
> 皆さんが人事異動で得た広範な知識や経験は、目に見えない貴重な財産です。その財産を少しでも後輩に伝え、経験をシェアしながら、視野を広げることができる魅力的な職場をつくりましょう。

PART 6

「VUCA時代」を生き抜く！　技術系公務員のキャリアデザイン

09 「スペシャリスト」かつ 「ゼネラリスト」を目指す

長期的な技術系公務員のキャリア形成の考え方

● 自分の将来像をイメージしておく

技術系公務員として実務経験を重ねていくと、次第に自分の適性について考えることが多くなります。例えば、「この分野のスペシャリストを目指したい」とか、「もう少し幅広くさまざまな分野を経験してゼネラリストを目指したい」などです。また、一定の年齢に達すると、管理職になることも選択肢の1つになるでしょう。

つまり、**技術系公務員として目指す主な方向性としては、スペシャリスト、ゼネラリスト、管理職の3種類になるでしょう**。皆さんは、これら3種類のうち、どのような技術系公務員になることを目指しますか。

● 豊かな実務経験を積むことに尽きる

皆さんが管理職になった場合、期待される能力は実務を担うプレイヤーとしての力ではなく、組織をマネジメントし、チームの力を最大限に発揮させる力です。また、大きな政策決定にも携わることになります。

私の経験上、技術系公務員の場合には、豊かな経験を積むことによって、次頁の図のように中間領域の範囲がどんどん狭くなっていきます。もし、スペシャリストを目指していたとしても、**結局は多くの技術分野を理解する必要があります**。逆に、ゼネラリストを目指していたとしても、**所管の技術分野のことを深く理解する必要が生じます**。

● スペシャリストかつゼネラリストの両刀を目指す

　公務員には、人事異動がつきもの。スペシャリストだけ、またはゼネラリストだけを目指したとしても、必ずしもそうなるとは限りません。

　そこで私がお勧めしたいのは、**自分が置かれた状況に応じて、その都度、スペシャリスト、ゼネラリストのいずれかを目指し、長年の経験で中間領域を小さくしていくことです。**そして最終的には、完全な逆三角形になるイメージのキャリア形成を目指すのがよいと考えています。

◾ スペシャリストかつゼネラリストの逆三角形

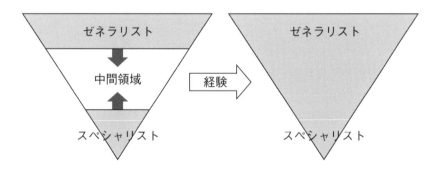

経験を重ねていけば、中間領域がどんどん狭くなっていきます。

中間領域がなくなった完全な逆三角形を目指しましょう！

ONEPOINT ADVICE！

ある分野のスペシャリストを目指していたものの、人事異動により、さらに適性を感じる分野に出会うこともあります。常に置かれた状況でベストを尽くせば、必ず良い結果になるでしょう。

10 自分のキャリアの「マスタープラン」を描く

10年後を見据えて、今を生きるために

● 自分の将来像をイメージしておく

　自分自身のキャリアをデザインすることについて、皆さんはどう考えていますか。「人事異動は思い通りにならないから、キャリアデザインを考えても無駄だろう」と思っていませんか。

　実は私もそうでした。私は入職後、都市計画課に8年間在籍し、焦りを感じていました。7年目の年度末に異動内示一覧表が周知された際には「自分の名前と転出先がどこかにあるはずだ」と思い、普段は探さない消防本部まで名前を探しましたが見つからず。「自分の将来をイメージし、きちんと異動希望を伝えておけばよかった……」と反省しました。

● 10年後のマスタープランを描く

　都市計画課8年目のときには「自分の将来像をどうイメージすればよいのだろう」と真剣に考えました。それ以降は毎年、次頁のようなキャリアのマスタープランシートを作成することにしました。**このシートの空欄に10年後の自分の将来像を記載して、イメージしておくのです。**

　この空欄を記載する際のポイントは、先輩のキャリアを参考にすることです。私は、目指したい先輩職員から直接、勤務経歴を聞き、自分自身の下に記載しています。こうすることで、ある程度、自分の役職や所属の将来像が予測でき、マスタープランが描きやすくなるのです。

● 必要に応じて軌道修正する

　このマスタープランをもとに、年末頃に提出する自己申告書に異動希望先を記載したり、昇任試験対策を準備したりすることができます。また、自分の将来像がイメージできていれば、不測の人事異動があっても、必要に応じて軌道修正をしながら、落ち着いて行動できるのです。

　備えあれば憂いなし。皆さんも今から自分自身のキャリアのマスタープランを描いておき、キャリアデザインを前向きに考えてみましょう。

■　キャリアのマスタープランシート（例）

		2022	2023	2024	2025	2026	2027	2028	2029	2030	2031
自分自身	西暦（年）	2022	2023	2024	2025	2026	2027	2028	2029	2030	2031
	年号（年）	R4	R5	R6	R7	R8	R9	R10	R11	R12	R13
	入職年目	20	21	22	23	24	25	26	27	28	29
	年齢（歳）	51	52	53	54	55	56	57	58	59	60
	役職	課長									
	所属	都市開発課									
先輩①	役職	課長	課長	課長	課長	副部長	副部長	部長	部長	部長	部長
	所属	A課	B課	B課	C部	C部	C部	D部	D部	F部	F部
先輩②	役職	課長	課長	課長	課長	課長	課長	部長	部長	部長	部長
	所属	G課	G課	G課	G課	G課	G課	H部	H部	I部	J部
先輩③	役職	係長	係長	課長	課長	所長	所長	副部長	部長	部長	部長
	所属	K課	K課	L課	L課	M事務所	M事務所	N部	O部	O部	O部

⇒このシートの空欄に10年後の自分の将来像を記載して、イメージしておきます。

> **ONEPOINT ADVICE !**
>
> 所属している組織によって人事異動のサイクルは若干異なるものの、先輩職員の勤務経歴を聞くとある一定の傾向を知ることができます。さっそく、先輩職員に聞いてみましょう。

11 人生100年時代における「ライフ・ワーク・リサーチ」

充実した定年後を過ごすための準備は、現役時代から

● 人生100年時代への心構え

　人生100年時代といわれるようになりました。地方公務員の定年も段階的に引き上げられ、令和13年には65歳になります。その後、再任用等で5年働いたとしても、まだ70歳です。

　70歳を超えて100歳まで生きるとしたら、まだ30年もあります。では、残りの30年間、どう過ごしていけばよいのでしょうか。これは個人の価値観、気力、体力等によって異なるかと思いますが、充実した老後を過ごすためには、現役時代での心がけが非常に重要になるでしょう。**現役時代にプライベートの時間を使ってコツコツと自分がやりたいことの畑を耕し、そして種を撒いておくのです。**

● 人生100年時代にふさわしい人生設計

　人生100年時代にふさわしい人生設計はどう描けばよいのでしょうか。ファイナンシャルプランナーの資格について勉強すると、ライフプラン表を作成することの重要性が理解できます。同様に、1人の技術系公務員としての人生設計をしておくことをお勧めします。

　次頁に掲載したのは、ライフ・ワーク・リサーチバランスのシート作成例です。ライフは生活、ワークは仕事、リサーチは研究で、目的、目標、行程を記載して、10年後までをイメージしておきます。

● ライフ・ワーク・リサーチの考え方

ライフ・ワーク・リサーチバランスを計画する理由は、人生設計の土台にできるためです。ライフでは、家族のライフプランを意識しながら、お互いを理解し合える関係づくりができます。ワークでは、実務を追究し、定年後にも職業選択できるスキルを習得することができるかもしれません。リサーチでは、自分の専門分野を確立するために、恩師の退職時期も考慮した上で、研究のスケジュールを検討することができます。

■ ライフ・ワーク・リサーチバランスのシート作成例

目 的	目 標		行 程									
		西暦（年）	2011	2012	2013	2014	2015	2016	2017	2018	2019	2020
		年号（年）	H23	H24	H25	H26	H27	H28	H29	H30	R1	R2

ライフ（生活）

目的	目標		2011	2012	2013	2014	2015	2016	2017	2018	2019	2020
お互いが理解し合える家族の実現	仲良く、楽しい生活の実現	本人（歳）	39 派遣	40	41	42 係長	43	44	45	46	47	48
		家族（歳）	33	34	35	36 就職	37	38	39	40	41	42
		家族（歳）	3	4 入園	5	6	7 入学	8	9	10	11	12

【自己実現の希望】何のために「生活」をするか
・お互いが理解し合える家族を実現したい　・健康的な心、体を実現したい
・目標を持って頑張る家族を実現したい　・市民活動に取り組みたい

ワーク（仕事）

職業選択できるスキルの習得／業務関係の技術資格の取得

	2011	2012	2013	2014	2015	2016	2017	2018	2019	2020
本人	県庁			市役所						
家族					アルバイト					
家族			幼稚園		小学校（1～6年）					

【自己実現の希望】何のために「仕事」をするか
・市民、市の期待に応えたい　・多くの部署を経験し、広い知識を持ちたい
・事務だけでなく、定年後にも職業選択できるスキルを習得したい

リサーチ（研究）

目的	目標		2011	2012	2013	2014	2015	2016	2017	2018	2019	2020
自己の専門分野の確立	博士学位の取得	恩師（歳）	61	62	63	64 退職	65	66	67	68	69	70
		査読論文	1 編	2 編	3 編	4 編						
		博士学位			申請	授与						

【自己実現の希望】何のために「研究」をするか
・自己の専門分野を確立したい　・業務での疑問に対して答えを探りたい
・行政の立場では研究できないことを大学で研究していきたい

⇒このシートに目的、目標、行程を記載して、イメージしておきます。

◯ ONEPOINT ADVICE !

博士学位の取得を目指す場合は、恩師の退職時期も意識すべきポイントです。恩師が退職してしまうと、十分な指導を受けられず、成就しなくなる可能性が高くなるので要注意。

技術系公務員のお仕事ガイド.6
[都市開発課]

都 市開発課では、中心市街地の土地区画整理事業を効果的に進めるため「住宅市街地総合整備事業（密集住宅市街地整備型）」（以下「密集事業」という）を実施していました。

過去に土地区画整理事業を経験してきた私が、異動後に「こんな素晴らしい事業もあったのか！」と驚いたのがこの密集事業。あらためて「技術系公務員は何事も経験が重要」と痛感しました。

土地区画整理事業の場合、道路や公園を整備する際に支障となる建築物等は、その所有者に移転してもらい、物件移転補償費を支払うことが一般的です。しかし密集事業では、市が木造老朽住宅を買い上げ、除却工事を行います。木造老朽住宅の所有者は、自ら移転する必要がなく、市が複数の木造老朽住宅を除却して建替えを促進することができる大きな効果があります。

密集事業の効果は、お手玉をイメージするとわかりやすいです。お手玉を回すためには、片手が空いていなければならず、玉を持ち続けていたら次に来る玉を回すことはできません。

同様に土地区画整理事業では、地権者は新たな換地先へ移転する必要がありますが、移転先の木造老朽住宅等が撤去されなければ移転できません。移転できない人がいると、その人の敷地に移転したい人もまた、移転できなくなります。つまり、お手玉の玉が回せないような悪循環に陥るのです。

このように、移転先となる敷地を順序よく整序できるかが進捗に大きな影響を与える土地区画整理事業では、密集事業により木造老朽住宅の建替えを促進させることで事業進捗に大きな効果を発揮しました。

複数の事業の「強み」を発揮することができれば、より効果的に事業が進捗します。その一例として、土地区画整理事業と密集事業を組み合わせた中心市街地の整備を経験しました。醍醐味は「強み」を活かすこと。これは組織や個人、いや何事にも通じるエッセンスかもしれません。

自治体の都市計画担当になったら読む本

橋本隆[著]

自治体職員が自治体職員向けに都市計画の実務ノウハウを解説した書籍。複雑な制度を豊富な図表を交えてわかりやすく解説し、担当者が留意すべきポイントを実体験をふまえて詳解。新規採用職員から新任の都市計画担当まで、誰もが最初に抱える多くの不安を解消することを心がけましたので、ぜひ本書と併せて読んでいただきたい1冊です。

技術公務員の役割と責務

今問われる自治体土木職員の市場価値

建設マネジメント委員会 技術公務員の役割と責務研究小委員会[編著]／社団法人 土木学会

地方自治体における土木職としての技術公務員のあり方を示しているお勧めの書籍です。

新版　公共用地取得・補償の実務

藤川眞行[著]／ぎょうせい

技術系公務員の多くが経験する「公共用地取得」や「補償」の実務について、担当者が最初に読む書籍として最適です。

コンサル一年目が学ぶこと

大石哲之[著]／ディスカヴァー・トゥエンティワン

コンサルタント能力を発揮する場面も多い技術系公務員が、ぜひ身に付けておきたい普遍的なスキルが満載です。

公民連携まちづくり事例＆解説

エリア再生のためのPPP

日経アーキテクチュア[編著]／日経BP

豊富な写真や図表を使って、多様な公民連携の手法や実践の数々を紹介している必読の書です。

おわりに

　技術系公務員の皆さんは、おそらく普段は目立たない、どちらかといえば地味な仕事をしているかと思います。そして皆さんは、さまざまな苦情を受けても、またどんなに大きな災害に見舞われても、社会ニーズに応え続けてきたことでしょう。全国の皆さんの努力の結晶が、あらゆる人々の日常生活を支えてきたことは間違いありません。

　技術系公務員の管理職として3年目を迎えていた私は、現職の技術系公務員だけでなく、学生・社会人から技術系公務員になったばかりの新規採用職員に向けた実務書の必要性を強く感じていました。

　将来、さらに技術系公務員の人員減が進む可能性が高い中で、「技術系公務員でよかったです」「技術系公務員のやりがいを感じています」「技術系公務員として豊かな人生を送っています」と語る人が増えてくれることを心の底から望んでいたからです。そのような想いで執筆した本書は、技術系公務員が多くの不安を解消でき、実務ノウハウを理解できることに注力しました。

　本書のおわりに、あらためて技術系公務員の皆さんに自信を持っていただきたいことがあります。それは、「技術系公務員は尊い」ということです。

　技術系公務員は、あらゆる人々が幸せを感じることができる地域を創造し、また守り続けてくれます。そして、将来の技術系公務員の職場をより魅力的な職場にしていくのも、技術系公務員一人ひとりの努力にかかっているのです。

　そのような尊い技術系公務員の「組織知」を継承していくことが、将来にわたってよい地域・職場・個人を実現していくことにつながるのではないかと考えています。これからも、全国の皆さんと一緒に技術系公務員としての明るい未来を切り拓いていければと願っています。

　全国の技術系公務員の皆さん、そして、技術系公務員を目指し、これ

から活躍するであろう皆さん、最後までお付き合いいただき、ありがとうございました。私からも、全国の技術系公務員の皆さんに応援のエールを送り続けたいと思っています。

　本書の企画からずっと二人三脚で歩んでいただいた株式会社学陽書房の村上広大さんに心から感謝します。

　また、伊勢崎市で一緒に働いている皆さん、職員自主研究グループの仲間、オンライン市役所等でお世話になっている全国の公務員の皆さん、いせさき街並み研究会の皆さん、私に都市計画を御教授いただいた前橋工科大学の湯沢昭名誉教授、森田哲夫教授、小林享教授、帝京大学の大下茂教授に心から感謝します。

　最後に、最愛の妻と家族には、あらためてお礼を言いたい。読書が好きで、私の原稿にも目を通して感想を教えてくれる妻、高校生になる好奇心旺盛な長女、中学生になる動物好きな二女、今の私があるのはみんなのおかげです。そして、いつも応援してくれる前橋と安中の家族にも心から感謝しています。いつも私を支えてくれて本当にありがとう。

　令和5年3月

橋本　隆

●著者紹介

橋本 隆（はしもと・たかし）

群馬県伊勢崎市建設部土木課長

1972年生まれ。9年間勤務した建設会社を退職後、2003年伊勢崎市入庁。都市計画課、群馬県県土整備部都市計画課（派遣）、企画調整課、土木課、区画整理課長、都市計画課長、都市開発課長を経て、現職。総合計画、都市計画マスタープラン、景観計画の策定のほか、県内市町村初の景観行政団体や世界遺産登録の実務を経験。博士（工学）、技術士（建設部門）、一級土木施工管理技士。「地方公務員が本当にすごい！と思う地方公務員アワード2022」受賞。

職員研修講師や外部講演会講師を数多く務める一方で、職員自主研究グループ「人財育成研究会」代表、全国5,000人以上の公務員が参加するオンライン市役所の「都市計画のゲンバ」自主ゼミ長を務める。

20年間ほど参加している市民団体「いせさき街並み研究会」の活動で、まちづくり功労者国土交通大臣表彰（2016年）、群馬県まちづくり功労者表彰（2015年）、いせさき元気大賞（2017年）等を受賞。

主な著書は、『自治体の都市計画担当になったら読む本』学陽書房、『歩いて暮らせるコンパクトなまちづくり』古今書院（共著）、『群馬から発信する交通・まちづくり』上毛新聞社（共著）。

これだけは知っておきたい！
技術系公務員の教科書

2023年4月28日　初版発行
2024年2月19日　2刷発行

　著　者　橋本 隆

　発行者　佐久間重嘉

　発行所　学 陽 書 房

　　　〒102-0072　東京都千代田区飯田橋1-9-3
　　　営業部／電話　03-3261-1111　FAX　03-5211-3300
　　　編集部／電話　03-3261-1112
　　　http://www.gakuyo.co.jp/

ブックデザイン／吉田香織（CAO）
DTP製作・印刷／精文堂印刷　製本／東京美術紙工

◎好評既刊◎

不安・不満・モヤモヤに
ベテラン人事がアドバイス！

「また異動できなかった」「あの部署に異動したい！」「なんで自分がこの部署に？」──。多くの公務員が悩む「人事異動」のロジックとリアル、各部署の仕事と必要なスキル、異動と向き合いながらキャリアを築くコツがわかる！

公務員が人事異動に悩んだら読む本

岡田淳志 ［著］
四六判並製／定価＝ 1,980 円（10%税込）

どんな場面でも役立つ
効果的な話し方のコツを伝授！

朝礼から会議・会合、レク、住民説明会、昇任面接、記者会見、議会答弁、研修講師まで、場面別に話し方のコツを伝授。さらに、特にあがり症の公務員に向けて、緊張してしまう要因とその克服法を丁寧に伝える。

公務員の人前で話す技術
あがらずに話せる全ノウハウ

鳥谷朝代 ［著］
四六判並製／定価＝ 1,980 円（10%税込）

「本音」「実務」の観点で贈る リアルアドバイス！

自治体管理職の３大業務「議会対応」「部下指導」「業務管理」から、「トラブル対応」「サバイバル術」「メンタル術」までを詳しく解説。「庁内政治のリアル」「人事・財政課には貸しをつくれ」など、役所で生き抜くヒントが満載！

誰も教えてくれなかった！
自治体管理職の鉄則

秋田将人［著］
A5 判並製／定価＝ 2,420 円（10%税込）